D1758377

De show van Gijs + Emmy
The Gijs + Emmy Spectacle

Dutch Design Story

De Dutch Design Stories zijn een initiatief van
Premsela, Nederlands Instituut voor Design en
Mode (in 2013 opgegaan in Het Nieuwe Instituut)
en naio10 uitgevers.
In de Dutch Design Stories worden verhalen uit
de Nederlandse designgeschiedenis belicht.
In deze uitgaven staan iconische objecten centraal
die kenmerkend zijn voor een bepaalde periode
en die van belang zijn binnen de ontwikkelingen
van design.

The Dutch Design Stories are an initiative of
Premsela, the Netherlands Institute for Design and
Fashion (part of Het Nieuwe Instituut since 2013)
and naio10 publishers.
The series presents tales from Dutch design
history. Each publication focuses on an iconic
object that expresses the style of a period and
played a significant role in design history.

In deze serie verscheen eerder /
Previously published in this series

Marijke Kuper, Lex Reitsma
**De stoel van Rietveld /
Rietveld's Chair**
Book and DVD set

Frederike Huygen, Lex Reitsma
**De stijl van het Stedelijk /
The Style of the Stedelijk**
Book and DVD set

Zahid Sardar
**De Nederlandse fiets /
The Dutch Bike**

Yvonne Brentjes
**De stoel van Friso Kramer /
Friso Kramer's Chair**

Lisa Goudsmit
**De schoen van Jan Jansen /
Jan Jansen's Shoe**

De show van Gijs+Emmy
The Gijs+Emmy Spectacle

**Mode- en sieraadontwerpen / Fashion and Jewellery Design
Gijs Bakker + Emmy van Leersum
1967–1972**

Marjan Boot

Film: Lex Reitsma

Dutch Design Story

nai010 uitgevers/publishers

Afdruk naamstempel Gijs en Emmy (vergroting), gebruikt in de jaren 1966–1971 / Impression made by Gijs and Emmy's name stamp (enlarged), used in the years 1966–1971
coll. Gijs Bakker, Amsterdam

Inhoud / Contents

Gijs Bakker, *Kachelpijpcollier,* **1967, lila geanodiseerd aluminium /**
Stovepipe Collar, **1967, purple anodized aluminium**
coll. Centraal Museum Utrecht
foto/photo Rien Bazen

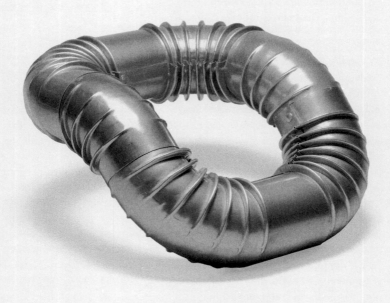

De show van Gijs + Emmy

Inleiding

Op 12 mei 1967 vond in het Stedelijk Museum in Amsterdam de opening van de tentoonstelling 'Edelsmeden 3' plaats, de derde in een reeks. Doel was het werk van eigentijdse edelsmeden in kaart te brengen. De derde editie zou de laatste zijn. Niet omdat er daarna niets meer te zeggen viel. Integendeel. 'Edelsmeden 3', en in het bijzonder de opening ervan, werd door tijdgenoten ervaren als een breuk met wat eraan voorafging, en was veeleer het begin van een nieuw tijdperk.

De opening werd opgeluisterd met een modeshow van kleding en sieraden van twee van de deelnemers aan de tentoonstelling, die met dit optreden in één klap hun naam vestigden en zo veel aandacht trokken dat hun bijdrage die van de andere deelnemers overvleugelde. Deze twee waren Gijs Bakker en Emmy van Leersum.

De modeshow vond plaats in de aula van het museum, waar op aanwijzingen van de kunstenaars een catwalk was gebouwd. Drie modellen draaiden, gevolgd door spotlights, op elektronische muziek rondjes in de verduisterde zaal. Gekleed in glanzende creaties showden zij vreemde sieraden, onder meer oorbellen 'ter grootte van een bierviltje' en gigantische halskragen.[1] Het ongewoon grote formaat van de kragen was mogelijk door een industrieel materiaal toe te passen: lichtgewicht aluminium. Materiaal en vorm waren volstrekt nieuw. De halskragen zijn de geschiedenis ingegaan als 'kachelpijpen en martelwerktuigen', zoals ze spottend in de media werden genoemd. Het enige sieraad dat inderdaad van een stuk kachelpijp was gemaakt staat nu, bijna vijftig jaar na dato, symbool voor de democratisering van het sieraad. Het is een icoon van de Nederlandse vormgeving geworden en net als de rood-blauwe stoel van Gerrit Rietveld en de bamboeschoen van Jan Jansen behoort het *Kachelpijpcollier* tot de canon van de Nederlandse vormgeving.

De grote halskragen zijn het beeld gaan bepalen, hetgeen bijna doet vergeten dat het effect dat deze sieraden bij hun lancering hadden ook door andere factoren werd beïnvloed. Het waren namelijk niet alleen de sieraden die tijdens de show een grote indruk maakten. Het was de kledingstijl zelf,

---

1   Beschrijving van een journaliste van de oorbellen die Emmy van Leersum tijdens de opening droeg. 'Juwelen van aluminium. Modeshow in Stedelijk', *Het Vrije Volk*, 13 mei 1967.

het samengaan van sieraad en kleding, kapsel en make-up dat het toege-
stroomde, veelal jonge publiek aansprak. Het herkende zich in de futuristische look die op de catwalk werd geshowd. In de pers werd de getoonde
mode omschreven als 'ruimte-vaart-achtige kledij' en de mannequins als
'maanschepsels'.[2] Mini-jurkjes met een eenvoudige coupe, een simpele
A-lijn, een broekpak: alles in glanzende zijde en in kleuren die goed combineerden met de koel zilverkleurige kragen, de halssieraden, oorbellen en
hoofdtooien. Het was het geheel van kleding, sieraden en show dat als
een bom insloeg. Uit de bewaard gebleven ooggetuigenverslagen blijkt
de verbazing over het spektakel: de buitenaardse muziek, de bewegingen
van de mannequins, de buitenissige halskragen en de lichtbundels die de
kragen deden reflecteren op muren en plafond.

In elk handboek worden de show en tentoonstelling in het Stedelijk Museum
beschouwd als de doorbraak van Gijs Bakker en Emmy van Leersum. Hun
werk uit de tentoonstelling reisde in de herfst van 1967 naar Londen, toen-
tertijd het mekka van de jongerenmode, en was ook daar een groot succes.
In de jaren daarop waren hun sieraden met die van andere pioniers in de
Verenigde Staten te zien, terwijl in Nederland een stroom aan tentoonstellingen op gang kwam die aandacht vroeg voor de spectaculaire opmars van
het eigentijdse sieraad en in het bijzonder het baanbrekende werk van Gijs
Bakker en Emmy van Leersum. Zij werkten in de beginjaren nauw samen
en voerden tot 1971 een gemeenschappelijk stempel met hun voornamen
'Gijs+Emmy'. Hun gezamenlijke optredens, interviews en exposities maakten
van hen beiden een succesvol merk. Hun werk domineerde lange tijd de
beeldvorming van de Nederlandse sieraadkunst uit de jaren zestig en
zeventig.[3]
    Hun onderzoek naar de relatie tussen kleding en sieraad en de wissel-
werking ervan met de persoonlijkheid van de drager – ook mannen – heeft
zo'n vijf jaar geduurd. In 1970 volgde opnieuw een eenmalig evenement ter
gelegenheid van de tentoonstelling 'Kledingsuggesties'. De voorstellen voor
experimentele kleding van de toekomst, gebaseerd op nieuwe synthetische
stoffen, werden als in een happening door vrienden en relaties tijdens de
opening getoond. Tentoonstelling en evenement vonden plaats op initiatief
van de Amsterdamse avant-gardegalerie Art & Project. Ook deze outfits

2   [Louwrien Wijers], 'Experimentele show van edelsmeden', *Algemeen Handelsblad*,
16 mei 1967.
3   Dit beeld is door Marjan Unger in haar overzichtswerk, gewijd aan het Nederlandse
sieraad in de twintigste eeuw, genuanceerd. Zie Marjan Unger, *Het Nederlandse sieraad in
de 20ste eeuw*, Bussum 2004, p. 362 e.v.

The Gijs + Emmy Spectacle

Introduction

On 12 May 1967, the exhibition 'Edelsmeden 3' (Silversmiths 3) opened at the Stedelijk Museum in Amsterdam. It was the third in a series intended to showcase the work of contemporary silversmiths. This third edition was to be the last one, but not because there was nothing more to say. On the contrary, 'Edelsmeden 3', especially the opening, was recognized by contemporaries as a break with the past and the start of a new era.

A special event added to the glamour of the opening: a fashion show of clothing and jewellery by two of the participants. The show both established their reputations and attracted so much attention that they outshone the other participants. These two young designers were Gijs Bakker and Emmy van Leersum.

The fashion show took place in the museum auditorium, where a catwalk had been built to the designers' specifications. Three models swirled to the sounds of electronic music as spotlights followed them through the dimly lit hall. Clad in shimmering creations, they showed off strange pieces of jewellery such as earrings 'the size of a beer mat' and huge collars.[1] The unusually large dimensions of the collars were made possible by an industrial material: lightweight aluminium. They were highly innovative, not only in material but also in form. These collars would go down in fashion history as 'stovepipes and instruments of torture', as they were jeeringly referred to in the media. Now, almost 50 years later, the one piece that was actually made from a length of stovepipe remains a symbol of the democratization of jewellery. Like Gerrit Rietveld's Red-Blue Chair and Jan Jansen's Bamboo Shoe, the *Stovepipe Collar* is now a national icon, part of the canon of Dutch design.

The large collars have become central to our image of the show, and it is easy to lose sight of all the other elements that had a major impact at the time. It was not only the jewellery in the show, but also the style of the clothing, the combination of jewellery and clothing, the hairstyles and the makeup that sparked the enthusiasm of the spectators, mostly young

---

1   A journalist's description of the earrings that Emmy van Leersum wore to the opening. 'Juwelen van aluminium. Modeshow in Stedelijk', *Het Vrije Volk*, 13 May 1967.

people who found an echo of their own sense of style in the futuristic look on the catwalk. The press would describe the fashions shown at the Stedelijk as 'spacesuit-like', and the models as 'lunar creatures'.[2] They wore mini-dresses with a simple cut, a straightforward A-line, a pantsuit – all this in lustrous silk and in colours well suited to the cool, silvery collars, necklaces, earrings and headwear. It was the total package of clothing, jewellery and showmanship that had such an explosive effect. Eyewitness accounts underscore what an astonishing spectacle it was: the unearthly music, the choreography of the models, the outlandish collars and the rays of light that reflected off the collars onto the walls and ceiling.

Every reference book that describes the fashion show and exhibition at the Stedelijk Museum refers to these events as the breakthrough of Gijs Bakker and Emmy van Leersum. In the autumn of 1967, their creations from the exhibition travelled to London, then the Mecca of youth fashion, and made a tremendous splash there too. In the years that followed, their jewellery and that of other Dutch pioneers was exhibited in the USA, and a flood of exhibitions in the Netherlands drew attention to the spectacular rise of contemporary jewellery design and, in particular, the ground-breaking work of Gijs Bakker and Emmy van Leersum. In the early years, they were close collaborators, and until 1971 they stamped their work with their first names, 'Gijs+Emmy'. Their joint appearances, interviews and exhibitions turned the two designers into a successful brand. For many years, their work dominated the image of Dutch jewellery of the 1960s and 1970s.[3]

For about five years, they investigated the relationship between clothing and jewellery and how these interact with the personality of the wearer – whether a woman or a man. In 1970, they presented another one-off event, this time in connection with the exhibition 'Kleding-suggesties' (Clothing suggestions). Proposals for the experimental clothing of the future, based on new synthetic materials, were shown at the opening by friends and relatives as if at a 'happening'. The exhibition and the event were an initiative of the avant-garde Amsterdam gallery Art & Project. Again, the outfits went on tour, to Ghent in 1970 and to

2   [Louwrien Wijers], 'Experimentele show van edelsmeden', *Algemeen Handelsblad*, 16 May 1967.
3   Marjan Unger presents a more sophisticated alternative to this popular image in her history of Dutch jewellery in the twentieth century. See Marjan Unger, *Het Nederlandse sieraad in de 20ste eeuw*, Bussum 2004, pp. 362ff.

werden elders getoond: in 1970 in Gent en twee jaar later in Londen. Dat jaar vormt het eindpunt van de periode die in deze studie onder de loep is genomen. Op dat moment waren Gijs en Emmy al ieder hun eigen weg gegaan. Gijs was aangesteld als docent in Arnhem en had zijn aandacht verlegd naar industrieel ontwerpen. Emmy ging verder met het maken van sieraden. De eenheid van kleding en sieraad bleef bij haar een voornaam punt. Van eenmalige performance-achtige evenementen is het niet meer gekomen.

Onderwerp van deze publicatie is de reconstructie van de modeshow in het Stedelijk Museum, de context ervan, de spin-off van de show en het vervolg van de opmars van Gijs en Emmy in binnen- en buitenland, om te eindigen met hun laatste gemeenschappelijke activiteit op het gebied van kledingontwerpen. Daarin was het sieraad zozeer geïntegreerd dat het erin opgelost was. Ook komt hun gevoel voor *branding* aan de orde, de samenwerking met fotografen en de betekenis van fotografie en media voor hun bekendheid. Tot slot wordt aangestipt hoe belangrijk het netwerk van de kunstenaars is geweest, in het bijzonder het milieu van de contemporaine geometrisch-abstracte kunst en de daarmee verbonden galeries, musea en verzamelaars. Architecten, fotografen, dansers, beeldende kunstenaars en 'andere avant-gardisten' droegen als eersten hun werk en hebben op hun manier bijgedragen aan de successtory van Gijs en Emmy.[4]

Het begin van Gijs en Emmy

Gijs Bakker (Amersfoort, 1942) en Emmy van Leersum (Hilversum, 1930-Amersfoort, 1984) leerden elkaar kennen tijdens hun opleiding aan het Instituut voor Kunstnijverheidsonderwijs in Amsterdam, de voorloper van de Gerrit Rietveld Academie. Zij zaten bij elkaar in de klas van de afdeling edelsmeden, die toen onder leiding stond van Marinus Zwollo (1903-1983), een vakman met een enorme ervaring, die het ambacht hoog schatte. Op zoek naar een modernere, eigentijdse vormgeving bezocht Gijs een vervolg-opleiding aan de Konstfack Skolan in Stockholm, waar Emmy zich – toen nog getrouwd – later bij hem voegde. Dat was in de winter van 1962-1963. De inspiratie die zij gehoopt hadden te vinden – het Scandinavisch design beleefde in die jaren zijn hoogtijdagen – bleef echter uit. Opmerkelijk is dat Emmy tijdens hun verblijf een metamorfose onderging en als een moderne vrouw met een kortgeknipt witblond kapsel haar echtgenoot weer onder

4   Zie 'Draagbare objecten in het museum tot 26 mei', *Uit de Kunst* 5 (1969) 9.

ogen kwam. De scheiding liet niet lang op zich wachten. Deze gebeurtenissen markeerden het einde van Emmy's huisvrouwenbestaan, iets waarvoor ze ook niet in de wieg gelegd was zoals haar ex-man later vaststelde.[5]

De romance die tussen Gijs en Emmy was opgebloeid, leidde evenwel niet meteen tot een duurzame relatie. Pas in december 1966 vond hun huwelijk plaats, deels om de ouders van Gijs gerust te stellen. Een relatie met een twaalf jaar oudere, gescheiden vrouw, bovendien niet gelovig, was verre van gebruikelijk. Later zou Gijs zeggen dat Emmy hém had uitgekozen. Zeker is dat zijn bewondering voor haar als persoon – zij was erg zelfbewust – en voor haar werk in de tussenliggende jaren was gegroeid.[6]

4   Hun trouwfoto illustreert het onconventionele huwelijk. Hun trouwringen, door Gijs gemaakt, vormden een soort manifest: een simpele ring met platgeslagen bovenkant met daarin GIJS voor haar en EMMY voor hem ge-
3   graveerd. Voor tijdgenoten waren het net gordijnringen.[7]

Al voor hun huwelijk waren de twee in een werfkelder in Utrecht een gemeenschappelijk atelier begonnen. Ze pakten het serieus aan, met eigen
1, 2 drukwerk, logo en een heuse opening. In de werfkelder verkochten ze ook hun werk. Aanvankelijk maakten ze naast hun serieuze werk sieraden van
6   plastic en mica om brood op de plank te hebben. 'Een grapje', vond Emmy, maar Gijs zag dat anders.[8] In 1969 veranderde de werfkelder in een galerie: Werfkelder voor multipliceerbare objecten. De organisatie van het tentoonstellingsprogramma was in handen van An de Voigt*, over wie later meer.

Gijs en Emmy werkten in de eerste jaren na hun huwelijk zeer eensgezind en voerden zelfs een gezamenlijke naamstempel. De stempel bestaat uit hun voornamen met tweemaal vier blokjes met uitsparingen die twee keer een plusteken vormen. Oftewel: Gijs en Emmy is twee keer plus, 'met andere woorden geweldig'.[9] Het was een bewuste strategie: zij zouden de wereld veroveren en de (sieraden)wereld versteld doen staan. Met zijn

5   Gert Staal, 'Gebroken lijnen, de contouren van een leven', in: Yvònne G.J.M. Joris (red.), Antje von Graevenitz en Gert Staal, *Gebroken lijnen. Emmy van Leersum 1930–1984*, tent.cat. Den Bosch (Museum Het Kruithuis); Oostende (Provinciaal Museum voor Moderne Kunst); Montreal (Musée des Arts Décoratifs de Montréal), Den Bosch/Gent 1993, p. 35-37.
6   Ida van Zijl (inl. Yvònne G.J.M. Joris), *Gijs Bakker and Jewelry*, Stuttgart 2005, p. 75-76.
7   Marike [Schreuder], 'Een juweel van een idee', *Het Vrije Volk*, 17 juni 1967.
8   'Emmy van Leersum en Gijs Bakker: "Byjou [sic] moet meer zijn dan knoop aan je kleding". Doorbraak in de wereld van het sieraad', *Twents Volksblad*, 5 juni 1968.
9   Van Zijl 2005, op. cit. (noot 6), p. 76. Zie voor het gebruik van de stempel en de daarnaast gebruikte meestertekens: Wim ten Bergen, 'Verantwoording oeuvre-catalogus', in: Joris 1993, op. cit. (noot 5), p. 50-51.

London two years later. The latter year marks the conclusion of the period examined in this study. By that point, Gijs and Emmy had gone their separate ways. Gijs had found a job teaching in Arnhem and shifted his focus to industrial design. Emmy went on making jewellery, with an emphasis on the unity of jewellery and clothing. Their days of one-off, performance-art-style events were behind them.

This book aims to reconstruct the fashion show at the Stedelijk Museum, its context, its spin-offs and its after-effects: Gijs and Emmy's growing popularity at home and abroad. It concludes with a look at their last joint clothing design project, in which jewellery was so tightly integrated that it practically dissolved into the garments. Other topics include their sense of branding, their collaboration with photographers and the role of photography and the media in their celebrity. Finally, we examine the importance of the designers' network, especially the circle of contemporary geometric abstract artists and the galleries, museums and collectors associated with them. Architects, photographers, dancers, visual artists and other 'avant-gardists' were the first to wear Gijs and Emmy's creations and, in their own way, contributed to the success of the two designers.[4]

The Origins of Gijs and Emmy

Gijs Bakker (born in Amersfoort in 1942) and Emmy van Leersum (Hilversum, 1930-Amersfoort, 1984) first met as students at the Instituut voor Kunstnijverheidsonderwijs (IvKNO), Amsterdam's applied arts institute and the forerunner of the Gerrit Rietveld Academie. They sat next to each other in the silversmithing class offered by Marinus Zwollo (1903-1983), an artisan of long experience with tremendous respect for his craft. In search of a more modern, contemporary approach to design, Gijs attended a post-graduate programme at the Konstfack Skolan in Stockholm, where Emmy – who was married to someone else at the time – later joined him. That was in the winter of 1962-1963. Scandinavian design was at its height, but they returned home without the inspiration they had hoped to find. Interestingly, Emmy went through a metamorphosis during their stay there, returning to her husband as a modern woman with bobbed platinum-blonde hair. They were divorced not long afterwards. These events marked the end of Emmy's days as a housewife –

4   See 'Draagbare objecten in het museum tot 26 mei', *Uit de Kunst* 5 (1969) 9.

a role she had never been cut out for, as her ex-husband later remarked.[5]

Meanwhile, romance had blossomed between Gijs and Emmy, but did not immediately lead to a long-term commitment. Not until December 1966 were they married, partly to reassure Gijs's parents. A relationship with a divorcée 12 years older, who did not even belong to a church, was anything but conventional. Later Gijs would say that Emmy had chosen him. In any event, his admiration for her as a person – she was very self-confident – and for her work had grown in the intervening
4   years.[6] Their wedding photograph illustrates their unorthodox marriage. Their wedding rings, made by Gijs, were a kind of manifesto: a simple design with a flattened side engraved with GIJS for her and EMMY for
3   him. To contemporaries, they looked like curtain rings.[7]

Before marrying, the two designers had set up a joint studio in one of the 'wharf cellars' that line the canals of Utrecht. There they set to work in earnest, designing their own letterhead and logo and throwing a full-
1, 2   scale opening bash. They made and sold their jewellery in the studio. In the early days, they made plastic and mica ornaments to put food on the
6   table, in addition to their serious work. 'A joke,' Emmy called it, but Gijs saw things differently.[8] In 1969 they converted the wharf cellar into a gallery: the *Werfkelder voor multipliceerbare objecten* (Wharf Cellar for Multipliable Objects). The exhibition programme was organized by An de Voigt,* who is discussed in more detail below.

In the first few years of their marriage, Gijs and Emmy had a very close and harmonious working relationship. They even used a joint name stamp consisting of their first names next to four rows of two blocks each. The spaces between the blocks form two plus signs. That is to say, Gijs and Emmy were plus plus, 'in other words, fantastic'.[9] This was part of a deliberate strategy to take the world by storm and, in particular, to shock and amaze the world of jewellery. Working together, the two of them had

5   Gert Staal, 'Broken Lines, the contours of a life', in Yvònne G.J.M. Joris (ed.), Antje von Graevenitz and Gert Staal. *Broken Lines. Emmy van Leersum 1930-1984*, exhib. cat. 's-Hertogenbosch (Museum Het Kruithuis); Oostende (Provinciaal Museum voor Moderne Kunst); Montreal (Musée des Arts Décoratifs de Montréal), 's-Hertogenbosch/ Ghent 1993, pp. 35-37.
6   Ida van Zijl (intro. by Yvònne G.J.M. Joris), *Gijs Bakker and Jewelry*, Stuttgart 2005, pp. 37-38.
7   Marike [Schreuder], 'Een juweel van een idee', *Het Vrije Volk*, 17 June 1967.
8   'Emmy van Leersum & Gijs Bakker: "Byjou [sic] moet meer zijn dan knoop aan je kleding". Doorbraak in de wereld van het sieraad', *Twents Volksblad*, 5 June 1968.
9   Van Zijl 2005, op. cit. (note 6), p. 38. On the use of the stamp and the hallmarks used with it, see Wim ten Bergen, 'Notes on the oeuvre catalogue', in Joris 1993, op. cit. (note 5), pp. 50-51.

1 **Emmy en Gijs bij hun Atelier voor sieraden in de werfkelder aan de Oude Gracht in Utrecht, 1967 / Emmy and Gijs at their jewellery studio in the wharf cellar on the Oude Gracht in Utrecht, 1967**
Plakboek 1966–'67, archief/archives Stedelijk Museum 's-Hertogenbosch

2 **Gijs en Emmy luisterend naar de openingsrede van Benno Premsela t.g.v. de opening van de werfkelder / Gijs and Emmy listen to Benno Premsela's speech at the opening of the wharf cellar**
Plakboek 1966–'67, archief/archives Stedelijk Museum 's-Hertogenbosch

3 **Gijs Bakker, trouwringen, 1966, goud 18 krt / wedding rings, 1966, 18-carat gold**
coll. Gijs Bakker, Amsterdam

4 **Trouwfoto van Gijs en Emmy, 22 december 1966 /**
Gijs and Emmy's wedding photo, 22 December 1966
coll. Gijs Bakker, Amsterdam
foto/photo Sjaak Ramakers

5 Emmy van Leersum, halssieraad, 1963, zilver, lapis lazuli en turkoois
(verloren gegaan) / neck ornament, 1963, silver, lapis lazuli, and turquoise (lost)
Plakboek 1966–'67, archief/archives Stedelijk Museum 's-Hertogenbosch

6 Renie van Wijk met plastic oorbellen van Gijs en Emmy, 1967 /
Renie van Wijk wearing plastic earrings made by Gijs and Emmy, 1967
foto/photo Sjaak Ramakers

7 Gijs in door hemzelf ontworpen jumpsuit, eind 1968, foto 1969 / Gijs in the
jumpsuit that he designed, late 1968, photo 1969
jumpsuit coll. Gemeentemuseum, Den Haag/The Hague
Plakboek 1969, '70, '71, archief/archives Stedelijk Museum 's-Hertogenbosch

8 Emmy in lichtblauwe mini-jurk van Mary Quant met aluminium ceintuur
van Gijs Bakker, 1967, foto 1969 / Emmy in a light blue Mary Quant mini-dress
with an aluminium belt designed by Gijs Bakker, 1967, photo 1969
Plakboek 1969, '70, '71, archief/archives Stedelijk Museum 's-Hertogenbosch

9 Gijs en Emmy in atelier in Amersfoort, 1971 / Gijs and Emmy in their
studio in Amersfoort, 1971
foto/photo Eva Besnyö, coll. Stedelijk Museum Amsterdam (bruikleen Rijksdienst voor
het Cultureel Erfgoed/on loan from the Cultural Heritage Agency of the Netherlands)
foto/photo © Maria Austria Instituut

Gijs Bakker, schets, ca. 1965–1967 / sketch, c. 1965–1967
archief/archives Stedelijk Museum 's-Hertogenbosch

11 **Emmy in de jurk die Gijs ontwierp voor de opening in het Stedelijk Museum, 1967** / **Emmy in the dress designed by Gijs for the opening in the Stedelijk Museum, 1967**
jurk/dress coll. Gemeentemuseum Den Haag/The Hague
foto/photo Sjaak Ramakers

12 **Emmy van Leersum, haarkam, 1962, zilver /
comb, 1962, silver**
coll. Gijs Bakker, Amsterdam
foto/photo Peer van der Kruis

13 **Emmy van Leersum, oorsieraden, 1966, zilver /
earrings, 1966, silver**
coll. Centraal Museum Utrecht
foto/photo Centraal Museum Utrecht

14 **Emmy van Leersum, dasklem, 1965, goud 18 krt /
tie clip, 1965, 18-carat gold**
coll. Stedelijk Museum 's-Hertogenbosch
foto/photo Peer van der Kruis

15 **Gijs Bakker, *Ui-armband*, 1965, goud 18 krt /
Onion Bracelet, 1965, 18-carat gold**
coll. I. Zabel-van Bruggen, Gorinchem
foto/photo Rien Bazen

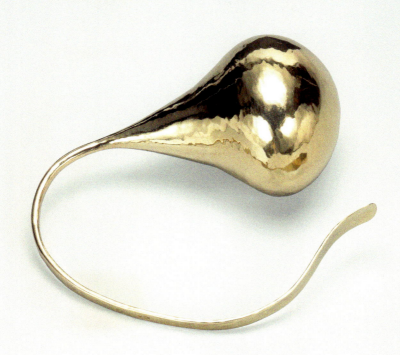

16 **Gijs Bakker,** *Lepelarmband,* **1965, zilver 1e gehalte, email /**
Spoon Bracelet, **1965, sterling silver, enamel**
coll. Stedelijk Museum 's-Hertogenbosch
foto/photo Rien Bazen

17 **Gijs Bakker, *Tien-lussenarmband*, 1965, goud 14 krt /
Ten-loop Bracelet, 1965, 14-carat gold**
coll. I. Zabel-van Bruggen, Gorinchem
foto/photo Rien Bazen

18 **Gijs Bakker, *Puntlasarmband*, 1966, roestvrij staal /
Point Welded Bracelet, 1966, stainless steel**
coll. Stedelijk Museum 's-Hertogenbosch
foto/photo Rien Bazen

tweeën hadden ze een voorsprong op anderen die alleen moesten opere-
ren. De verbintenis van hun namen werkte als een merk, te vergelijken met
Viktor & Rolf of Spijkers en Spijkers.

De samenwerking tussen kunstenaars, in het bijzonder als zij ook nog
samenleven, verloopt zelden onproblematisch. Traditioneel overheerst de
man de vrouw, wier inbreng door de bestaande sociaal-culturele ongelijk-
heid lager werd aangeslagen.[10] De samenwerking tussen Gijs en Emmy
wijkt van dit traditionele patroon af. Het was de tijd van de seksuele revolutie. Hun huwelijk was geen doorsnee-relatie. Verder vulden hun karakters
elkaar aan: Gijs was nuchter en ondersteunend, Emmy wilskrachtig en
gedreven, zij het met een nogal gecompliceerde natuur.[11] Foto's uit de tijd
laten hen zien als kameraden, gelijkwaardig en bezield van hetzelfde
9   streven. Ze waren fel en ambitieus, overtuigd van hun gelijk.

'Paar uit het jaar 2000'

Als zo veel anderen van hun generatie volgden Gijs en Emmy de nieuwe
jongerenmode op de voet. Zij waren zich bewust van het belang van hun
verschijning als onderdeel van het imago dat ze wilden opbouwen.[12] Zij
waren hun eigen visitekaartje. Emmy droeg bij officiële gelegenheden
haar eigen sieraden, maar ook wel die van Gijs. Bij de opening van de werfkelder was ze gekleed in een nauwsluitende, hoog gesloten halsterjurk, met
lange oorbellen, het haar in een kort kapsel met punten, naar het beroemd
2   geworden vijfpuntskapsel van Vidal Sassoon. Gijs droeg een klepbroek:
een kledingstuk dat refereerde aan streekdracht maar in die tijd doorging
voor authentiek. Jongeren verkozen dit soort kleding boven de alom ver-
krijgbare confectiemode uit protest tegen het magere aanbod van eigentijdse mode op de kledingmarkt.[13]

Al vanaf zijn academietijd liefhebberde Bakker in modeontwerpen en
10   het ontwerpen van accessoires. Voor de opening in het Stedelijk Museum
ontwierp hij voor Emmy een nieuwe jurk. Het was een ingenieus ontwerp
met een los vallend voorpand met een ingebouwde harde slab, waardoor
11   de jurk als een sieraad om de hals sloot. De simpele snit met korte rok en
laag uitgesneden rug was volgens de nieuwste mode.

10   Miriam van Rijsingen, 'Hoe gelijk kan de som der verschillen zijn? Een inleiding',
in: Martine Brinkhuis (red.), *Koppeltekens. Vier kunstenaarsparen – vier dialogen*, Amsterdam
1993, pp. 9-17, p. 9.

11   Staal 1993, op. cit. (noot 5), passim.

12   Zie een handgeschreven lijstje van actiepunten (ongedateerd, waarschijnlijk van
begin 1967) waaronder het punt 'image opbouwen', *Plakboek 1966–'67*, archief Stedelijk
Museum 's-Hertogenbosch.

13   Louwrien Wijers, 'Mode is een universeel gebeuren', *De Europese Gemeente.
Uitgave van de Raad der Europese gemeenten* (1969) 3, p. 28.

Voor zichzelf ontwierp Gijs eind 1968 een pak voor bijzondere gelegenheden: een jumpsuit van stretchstof. Dit kledingstuk was nog maar net
geïntroduceerd, door Courrèges, mogelijk gemaakt door het op de markt
komen van elastische stoffen. Net als de jurk heeft Gijs' polyester jumpsuit een uiterst eenvoudige coupe. De deelbare nylon ritsen – ook een
nouveauté – zijn functioneel en werken tegelijkertijd als accent. Het nauwsluitende, nietsverhullende pak met de opzichtige ritsen rond taille en kruis
appelleerde aan het manbeeld uit de seksuele revolutie: jongensachtig,
met in navolging van de Beatles halflang haar. Bakker liet zich begin 1969
in het pak portretteren en droeg het later dat jaar bij de opening van de
7   tentoonstelling 'Draagbare objecten/Objects to Wear'. Hij viel daarin zo
op dat hij in de pers 'de grote kledingfuturoloog' werd genoemd. Met Emmy,
die 'helemaal in wit vinyl gestoken was – witte lieslaarzen van vinyl en een
wit vinyl hes erover' vormde hij 'een paar uit het jaar 2000'.[14]

Gijs Bakker en Emmy van Leersum behoorden vanaf het einde van de jaren
zestig tot de bekendste kunstenaars van hun tijd. Het aantal exposities van
hun werk, recensies in dag- en weekbladen, interviews, catalogi, artikelen
en boeken, hits op internet et cetera is enorm. Over Emmy's leven en werk
verscheen in 1993 het standaardwerk *Gebroken lijnen*, met een inleiding
van Antje von Graevenitz en een levensbeschrijving van designcriticus
Gert Staal.[15] Van Gijs' omvangrijke oeuvre verschenen zelfs twee over-
zichtswerken. *Gijs Bakker. Objects to Use* uit 2000 gaat over de industriële
vormgeving van Bakker en zijn rol als docent en organisator. *Gijs Bakker
and Jewelry*, gepubliceerd in 2005, behandelt zijn sieraden. Beide zijn van
de hand van Ida van Zijl.[16] Zowel Emmy's werk als dat van Gijs is meermalen
gelauwerd. Na Emmy's dood werd een belangrijke kunstprijs van de stad
Amsterdam naar haar vernoemd. Gijs werd in 1995 voor zijn gehele oeuvre
bekroond met de prestigieuze Prins Bernhard Fonds Prijs voor Toegepaste
Kunsten en Bouwkunst.

14   Louwrien Wijers, 'Nederlandse sieraden op weg naar de U.S.A.', *Algemeen
Handelsblad*, 17 mei 1969.
15   Joris 1993, op. cit. (noot 5).
16   Ida van Zijl, *Gijs Bakker. Objects to Use*, Rotterdam 2000 en Van Zijl 2005, op. cit.
(noot 6).

an advantage over designers who had to operate alone. The conjunction of their names was, in effect, a brand, like 'Viktor & Rolf' or 'Spijkers and Spijkers'.

Collaboration between artists is rarely free of difficulties, especially when they also share a home. Traditionally, the husband was in charge of his wife, and her contribution is not valued as highly, owing to entrenched social and cultural inequality.[10] Gijs and Emmy's working relationship departed from this traditional pattern. It was the time of the sexual revolution, and their marriage was no ordinary relationship. Significantly, they had complementary personalities: Gijs was level-headed and supportive, Emmy strong-willed and driven, with a complex character.[11] Photographs from this period show them as companions, equal in status and animated by 9 a common purpose. They were assertive, ambitious and sure of themselves.

'Couple from the Year 2000'

Like so many others of their generation, Gijs and Emmy kept up with the latest trends in youth fashion. They were aware of the importance of their look, as part of the image that they aimed to construct.[12] In essence, they were their own calling card. Emmy wore her own jewellery to official events, as well as jewellery designed by Gijs. At the opening of the wharf cellar, she was dressed in a close-fitting, high-necked halter dress and long earrings, with her hair in a short, angular style inspired by Vidal Sassoon's 2 famous five-point cut. Gijs wore trousers with a large front button flap, a reference to traditional regional Dutch dress that was seen as authentic at the time. Young people chose this type of outfit instead of the ready-to-wear fashion all around them as a protest against the meagre supply of contemporary fashion on the clothing market.[13]

Ever since his days as a design student, Bakker had dabbled in 10 fashion and accessory design. For the opening in the Stedelijk Museum, he designed a new dress for Emmy. This ingenious construction involved a loose front with a rigid bib-like section built into it, so that the dress hung 11 from the neck like jewellery. The simple cut, with a short skirt and low-cut back, was in step with the latest fashion.

10   Miriam van Rijsingen, 'Hoe gelijk kan de som der verschillen zijn? Een inleiding', in Martine Brinkhuis (ed.), *Koppeltekens. Vier kunstenaarsparen – vier dialogen*, Amsterdam 1993, pp. 9-17, at p. 9.
11   Staal 1993, op. cit. (note 5), passim.
12   See a handwritten list of actions to be taken (undated, probably from early 1967), one of which was 'develop image', *Plakboek 1966-'67*, Stedelijk Museum 's-Hertogenbosch archives.
13   Louwrien Wijers, 'Mode is een universeel gebeuren', *De Europese Gemeente. Uitgave van de Raad der Europese gemeenten* (1969) 3, p. 28.

In late 1968, Gijs designed an outfit that he could wear on special occasions: a stretch jumpsuit. This type of garment had been developed not long before by André Courrèges and was made possible by the commercial availability of elastic fabrics. Like the dress, Gijs's polyester jumpsuit has an extremely straightforward cut. The open-end zippers – another novelty – are functional but also serve as accents. The tight-fitting, all-revealing suit with its ostentatious zippers around the waistline and crotch reflected an image of masculinity born of the sexual revolution: boyish, with Beatles-style medium-length hair. Bakker had a portrait photograph taken of himself wearing the suit in early 1969, and he donned it later that year for the opening of the exhibition 'Objects to Wear'. He and his outfit drew so much attention that one journalist dubbed him 'the great clothing futurologist'. Gijs and Emmy, who was 'garbed entirely in white – white vinyl hip boots under a white vinyl smock', were described as 'a couple from the year 2000'.[14]

From the late 1960s onwards, Gijs Bakker and Emmy van Leersum were among the best-known artists of their day. Their work has given rise to a huge number of exhibitions, reviews in newspapers and magazines, interviews, catalogues, books, articles, websites and so forth. An authoritative study of Emmy's life and work, *Gebroken lijnen/Broken Lines*, was published in 1993, with an introduction by Antje von Graevenitz and a biography by design critic Gert Staal.[15] Gijs's large body of work is the subject of not one, but two, general studies by Ida van Zijl. *Gijs Bakker: Objects to Use* (2000) discusses Bakker's industrial design and his role as a teacher and organizer, while *Gijs Bakker and Jewelry* (2005) is about his jewellery.[16] Both Emmy and Gijs have received many honours for their work. After Emmy's death, the city of Amsterdam instituted a major art award in her name. In 1995, Gijs won the prestigious Prince Bernhard Foundation Prize for Applied Arts and Architecture for his entire oeuvre.

14   Louwrien Wijers, 'Nederlandse sieraden op weg naar de U.S.A.', *Algemeen Handelsblad*, 17 May 1969.
15   Joris 1993, op. cit. (note 5).
16   Ida van Zijl, *Gijs Bakker: Objects to Use*, Rotterdam 2000, and Van Zijl 2005, op. cit. (note 6).

Eerste jaren na de opleiding

In de jaren volgend op het afsluiten van haar opleiding werkte Emmy
van Leersum in zilver en goud, en paste ook stenen toe. Haar halssie-
5 raden hadden vaak de vorm van een kraag. Voor een zilveren haarkam
uit 1962 had zij zich laten inspireren door etnografische sieraden in het
12 Tropenmuseum in Amsterdam. De kam bestaat uit één enkele vorm,
is niet samengesteld en zonder laswerk. Dat was belangrijk.[17] Andere
vroege sieraden hebben dezelfde eigenschappen. De geelgouden dasklem met zijn simpele verdraaiing is een goed voorbeeld van elementair
14 vormonderzoek. Zilveren oorsieraden die om de oorschelp gedragen
moesten worden, tonen dezelfde voorkeur voor heldere, vloeiende
13 lijnen. Deze vier sieraden maakten deel uit van Emmy's inzending voor
'Edelsmeden 3'.[18]

Gijs Bakker vestigde zich na terugkeer uit Zweden niet meteen als zelfstandig edelsmid, maar werkte eerst twee jaar bij het gerenommeerde
bedrijf Van Kempen en Begeer. Hij ontwierp er bestekken die in roestvrij
staal uitgevoerd moesten worden, en groter werk als een asbak in zilver
plate. De modernistische vormgeving van zijn ontwerpen sluit aan bij
het toen zo populaire Scandinavische design.[19] Het vinden van een eigen
stijl in zijn sieraden ging Bakker minder makkelijk af.[20] Uit het portret dat
Gert Staal van hem schreef, komt hij naar voren als een ontwerper die de
lat hoog legt, kritisch is op het wantrouwige af als het gaat om conventies
en gangbare praktijken, en niet snel tevreden, ook of misschien juist niet
met zijn eigen ideeën en oplossingen.[21]

Voor 'Edelsmeden 3' koos hij sieraden met een heldere, logische vormgeving. Als er al stenen aan te pas kwamen, waren deze in de vorm geïntegreerd en bescheiden. Bakker had een grote afkeer van sieraden die
als statussymbolen werkten. Opvallend waren de drie armbanden uit
1965, twee van goud en een van zilver, met een verhoudingsgewijs groot
15, 16, 17 ornament.[22] In de *Lepelarmband*, een armband van zilver, bestaat het

17 Antje von Graevenitz, 'Instrumenten van radicaal denken. Sieraden van Emmy
van Leersum', in: Joris 1993, op. cit. (noot 5), p. 13-30, p. 17.
18 Naast Gijs Bakker en Emmy van Leersum waren er drie andere deelnemers:
Clara Sciavetto, Franck Ligtelijn en Nicolaas van Beek, 12 mei–11 juni 1967. Zie voor meer
gegevens Unger 2004, op. cit. (noot 3), hoofdstuk 5: '1967–1985 Modern', en i.h.b. p. 359.
19 Van Zijl 2000, op. cit. (noot 16), afb. 007-016.
20 Van Zijl 2005, op. cit. (noot 6), p. 64.
21 Gert Staal, *Gijs Bakker, vormgever. Solo voor een solist*, Den Haag 1989, p. 7-17.
22 Voor een uitvoerige bespreking van de sieraden, zie Van Zijl 2005, op. cit.
(noot 6), p. 66-67.

ornament uit twee naar elkaar toegewende bakken, spottend met wat gangbaar was. De fraaiste is de band met de tien lussen: een bundel van gebogen en op elkaar geklonken strips met steeds een centimeter ertussen. In dit werk is het plezier van het ontwerpen naar een voorop-gezet idee goed zichtbaar. Hetzelfde geldt voor de armband van roestvrij staal die door inzagen en puntlassen zijn vorm kreeg: de zogenaamde *Puntlasarmband*. Hij is gemaakt van een industrieel materiaal, met mini-male ingrepen in vorm gebracht en vervaardigd door een industriële methode toe te passen: het puntlassen. Het resultaat belichaamde Bakkers ideaal van een onpersoonlijk, industrieel ogend, abstract sie-raad, dat mettertijd industrieel te vervaardigen zou zijn. In zijn ogen was de tijd van het handwerk voorbij. Net als in de mode- en productvorm-geving moesten als edelsmid opgeleide sieradenmakers zich richten op betaalbare, eenvoudige vormgeving. Het in goud uitgevoerde en met kostbare edelstenen bezette edelsmeedwerk van collega-makers – door Bakker schamper vergeleken met kleine sculptuurtjes met een speld erachter – kon in zijn ogen weinig genade vinden.[23]

Bakker en Van Leersum waren niet de enige vernieuwers van hun disci-pline. Wel de bekendste. Het streven naar democratisering en vereen-voudiging van de eigentijdse vormgeving van sieraden kreeg tegelijkertijd gestalte in het werk van Nicolaas van Beek (1938), Françoise van den Bosch (1944–1977) en Bernard Laméris (1942). Het was hún werk, en dat van Gijs en Emmy, dat in 1969 werd uitgekozen voor de reizende tentoonstelling die de nieuwe Nederlandse sieraadkunst in de Verenigde Staten moest promoten.[24] De tentoonstelling was georganiseerd door het Stedelijk Van Abbemuseum in Eindhoven en beleefde daar ook haar première. De titel was 'Draagbare objecten / Objects to Wear', daarmee afstand nemend van de begrippen sieraad en juweel.

18

23   Liesbeth den Besten, 'Edelsmeedkunst', in: Gert Staal en Hester Wolters (red.), *Holland in vorm. Vormgeving in Nederland 1945–1987*, Den Haag 1987, p. 203-211, p. 204 en Unger 2004, op. cit. (noot 2), p. 325-327.
24   Op instigatie van het Smithsonian Institution in Washington en met hulp van het ministerie van CRM toerde de expositie twee jaar lang door de Verenigde Staten. Zie *Objects to Wear by Five Dutch Jewelry Designers. Emmy van Leersum, Gijs Bakker, Nicolaas van Beek, Françoise van den Bosch, Bernard Laméris*, tent.cat. Eindhoven (Van Abbemuseum) 1969; Verenigde Staten (augustus 1969–augustus 1971).

The First Years after Graduation

In the first few years after Emmy van Leersum completed art school, she worked in silver and gold, also using stones. Her necklaces often took the form of collars. In 1962, she designed a silver decorative comb inspired by ethnographic jewellery in Amsterdam's Tropenmuseum. The comb is all one piece, not fitted together or welded. This was a key characteristic shared by many of her early pieces.[17] The simple, twisted shape of her yellow gold tie clip offers a fine example of her fundamental investigations of form. Silver earrings designed to be worn around the auricle show the same preference for distinct, fluid lines. These four pieces were part of Emmy's contribution to 'Edelsmeden 3' at the Stedelijk Museum.[18]

After his return from Sweden, Gijs Bakker did not immediately become an independent jewellery maker, but first spent two years at the renowned Van Kempen en Begeer company. There he designed cutlery for production in stainless steel, as well as larger creations like a silver-plated ashtray. His designs had a modernist style akin to Scandinavian design, which was very popular at the time.[19] Bakker had a more difficult time finding a style of his own in his jewellery.[20] Gert Staal's biography paints a picture of a designer with high expectations, critical and even distrustful of convention and standard methods, and never easily satisfied – or at least not with his own ideas and approaches.[21]

For 'Edelsmeden 3', Bakker submitted jewellery with a clear, logical design. When he used stones at all, they were modest and integrated into the form. He strongly objected to the use of jewellery as a status symbol. In this respect, his three bracelets from 1965 are noteworthy. Two are made of gold and one of silver, and they bear large ornaments relative to their size.[22] The *Spoon Bracelet*, a silver bracelet, has an ornament

17   Antje von Graevenitz, 'Instrumenten van radicaal denken. Sieraden van Emmy van Leersum', in Joris 1993, op. cit. (note 5), pp. 13-30, at p. 17.
18   Besides Gijs Bakker and Emmy van Leersum, there were three other participants: Clara Sciavetto, Franck Ligtelijn and Nicolaas van Beek, 12 May-11 June 1967. For more information, see Unger 2004, op. cit. (note 3), 'hoofdstuk 5: 1967-1985 Modern', and especially p. 359.
19   Van Zijl 2000, op. cit. (note 16), figs. 007-016.
20   Van Zijl 2005, op. cit. (note 6), pp. 24-25.
21   Gert Staal, *Gijs Bakker, vormgever. Solo voor een solist*, The Hague 1989, pp. 7-17, English Summery p. 19-22.
22   For a detailed discussion of the jewellery, see Van Zijl 2005, op. cit. (note 6), pp. 28-29.

consisting of two spoon bowls facing each other – a mockery of conventional jewellery. The most beautiful of the three is the bracelet with ten loops, a set of curved strips clinched together at intervals of a centimetre. The joy of turning an idea into a design is palpable in this work. The same applies to a stainless steel bracelet made through sawing and spot welding, the *Point Welded Bracelet*. This is made of an industrial material, with minimal changes to the form, and produced through the industrial method of spot-welding. The result embodied Bakker's ideal: an impersonal, abstract piece of jewellery, industrial in appearance, that could in time be manufactured by industrial means. He believed that the days of handicraft had passed, and that jewellery makers trained as gold and silversmiths should follow the lead of fashion and product designers and shift their focus to simple, affordable design. Bakker had little patience with the confections of his fellow jewellery designers, made of gold and laden with precious stones, and scornfully described them as miniature sculptures mounted on pins.[23]

Bakker and Van Leersum were not the only innovators in their field, but they were the best known. The objective of democratizing and simplifying contemporary design was also manifest in the work of Nicolaas van Beek (1938), Françoise van den Bosch (1944-1977), and Bernard Laméris (1942). Their creations, along with Gijs and Emmy's, were selected for a travelling exhibition in 1969 to promote new Dutch jewellery design in the USA.[24] This exhibition was organized by the Stedelijk Van Abbemuseum in Eindhoven and also premiered there. It was entitled 'Objects to Wear' and thus distanced itself from terms such as 'jewellery'.

23   Liesbeth den Besten, 'Art in Precious Metals', in Gert Staal and Hester Wolters (eds.), *Holland in vorm. Dutch Design 1945-1987*, The Hague 1987, pp. 203-211, at p. 204, and Unger 2004, op. cit. (note 2), pp. 325-327.

24   On the initiative of the Smithsonian Institution in Washington, and with support from the Dutch culture ministry, the exhibition toured the USA for two years. See *Objects to Wear by Five Dutch Jewelry Designers: Emmy van Leersum, Gijs Bakker, Nicolaas van Beek, Françoise van den Bosch, Bernard Laméris*, exhib. cat. Eindhoven (Van Abbemuseum) 1969; USA (August 1969-August 1971).

In de herfst van 1966 kregen Bakker en Van Leersum de buitenkans in Galerie Swart te exposeren.[25] Deze Amsterdamse kunstgalerie ontwikkelde zich in die tijd tot een hotspot voor de geometrisch-abstracte kunst. Tot de stal van Riekje Swart behoorden vooraanstaande vertegenwoordigers van deze richting, in de eerste plaats Ad Dekkers, André Volten, Peter Struycken en Bob Bonies. In een interview heeft Bakker beschreven hoe Emmy en hij reageerden toen zij in de galerie voor het eerst het werk van Ad Dekkers zagen: hun ogen werden geopend, het was 'een schok'.[26] Ook de discussies over hun werk met bijvoorbeeld Bob Bonies waren een openbaring voor de twee. Tot hun verwondering herkenden deze kunstenaars waar Gijs en Emmy mee bezig waren. 'Hun werk was verpletterend, prachtig en volslagen helder en we voelden ons gevleid door hun interesse' zei Bakker later.[27] De contacten die het koppel er aan overhield leidden tot vriendschappen, zoals die met Ad en zijn vrouw Lien Dekkers* en de zus van Lien, de eerdergenoemde An de Voigt. Er werd over en weer werk gekocht en geruild. Gijs en Emmy hadden zeefdrukken van Bonies aan de muur, en bezaten verschillende abstracte reliëfs van Dekkers. Lien Dekkers had wel tien sieraden van het koppel, waaronder de gouden *Ui-armband*.[28] Het strenge, systematische werk van Ad Dekkers heeft vooral grote invloed op het werk van Emmy gehad.

15, 84

De tentoonstelling in Galerie Swart had voor beiden grote gevolgen. Onder de bezoekers waren ook het hoofd van de afdeling toegepaste kunst van het Stedelijk Museum en een van zijn conservatoren: Wil Bertheux* en Liesbeth Crommelin*.[29] Zij waren zo onder de indruk van wat ze zagen dat ze Bakker en Van Leersum uitnodigden deel te nemen aan een expositie in het voorjaar daarop: 'Edelsmeden 3'.

25   Voor hun introductie bij Galerie Swart, zie Van Zijl 2005, op. cit. (noot 6), p. 76, noot 39.
26   Staal 1989, op. cit. (noot 21), p. 9.
27   Idem.
28   Mededeling van Peter Struycken aan de auteur per e-mail, d.d. 13 mei 2013; vermelding van het bezit van de armband in *Sieraad 1900–1972. Eerste triënnale onder auspiciën van de Amersfoortse Culturele Raad*, tent.cat. Amersfoort (Zonnehof) 1972, z.p., s.v. Lijst van tentoongestelde sieraden, Periode 1940–1972, Nederland, cat.nr. 399.
29   Bertheux en Crommelin waren op de tentoonstelling geattendeerd door Herman Swart (geen familie van Riekje Swart), de directeur van de Nederlandse Kunststichting, die getrouwd was met de edelsmid en sieraadmaker Esther Swart-Hudig. Gijs en Emmy kenden Esther – wier werk ze waardeerden – en Herman Swart. Mededeling van Gijs Bakker aan de auteur, d.d. 8 november 2013.

De opening van 'Edelsmeden 3'

De uitnodiging deel te nemen aan een tentoonstelling in 'de tempel van moderne kunst', het Stedelijk Museum, leidde tot koortsachtige activiteit. Bakker en Van Leersum grepen de kans om hun opvattingen optimaal over het voetlicht te brengen, en dat betekende dat ze hun sieraden niet los van mode wilden laten zien. Het was hun een doorn in het oog dat sieraden geen relatie tot kleding onderhielden. Vooral de broche moest het ontgelden: 'Een bijou moet meer zijn dan een knoop aan je kleding'.[30] Daarmee bedoelden ze ook dat de geëmancipeerde moderne vrouw zelf bepaalde wat ze zou dragen als uitdrukking van haar persoonlijkheid. In allerlei toonaarden beleefden ze hun afkeer van juwelen die als 'het geschenk van de echtgenoot' te pas en te onpas gedragen werden. En bovendien vaak zo kostbaar waren dat ze van een vrouw een wandelende brandkast maakten.

In het persoonlijke archief van het echtpaar is een conceptbrief gericht aan Wil Bertheux van het Stedelijk Museum bewaard gebleven. Hij moet opgesteld zijn na een gesprek met de staf van het museum over hun deelname aan de tentoonstelling. In zijn herinnering was Bakker tijdens dat bezoek erg zenuwachtig, bang om afgewezen te worden; hij had zijn *Kachelpijpcollier* in een plastic zak meegenomen.[31] Conservator Liesbeth Crommelin herinnert zich van het overleg dat het idee de sieraden op mensen te laten zien meteen instemming vond en zelfs een gezamenlijk besluit was.[32] Hoe het ook is gegaan, in de conceptbrief hebben Gijs en Emmy de besproken ideeën verder uitgewerkt:

De show (± 'n half uur) die uit ongeveer 20 modellen zal bestaan willen wij als volgt geven:
In 'n donkere ruimte met begeleiding van elektronische muziek waar 3 mannequins zich successievelijk bewegen, staan of lopen, afgewisseld met korte flitsen van lichtbeelden geprojekteerd op 'n scherm.[33]

---

30 'Gijs Bakker en Emmy van Leersum, op.cit. (noot 8).
31 Van Zijl 2005, op. cit. (noot 6), p. 68 en 86-87.
32 Mededeling van Liesbeth Crommelin aan de auteur, d.d. 27 februari 2012.
33 Handgeschreven conceptbrief in *Plakboek 1966-'67*, archief Stedelijk Museum 's-Hertogenbosch. Afgebeeld in Van Zijl 2005, op. cit. (noot 6), p. 86-87. Er bevindt zich geen verzonden versie van deze brief in het archief van het Stedelijk Museum.

In the autumn of 1966, Bakker and Van Leersum had the good fortune of being invited to exhibit in Galerie Swart.[25] At the time, this Amsterdam art gallery was evolving into a hot spot for geometric abstraction. Riekje Swart's stable of artists included leading representatives of this movement: most significantly Ad Dekkers, André Volten, Peter Struycken and Bob Bonies. In an interview, Bakker described how he and Emmy reacted when they first saw Ad Dekkers' work in the gallery; it was an eye-opener for them, a real 'shock'.[26] Discussions of their own work with artists like Bob Bonies were also a revelation for the two designers. To Gijs and Emmy's amazement, these artists understood what they were doing. 'Their work was mind-boggling, beautiful, and completely clear, and we felt flattered by their attention', Bakker recalled.[27] The couple made new contacts who would become their friends, such as Ad Dekkers and his wife Lien, as well as Lien's sister, the above-mentioned An de Voigt. This led to sales and exchanges of creative work. Gijs and Emmy had screen prints by Bonies on their wall, along with a number of abstract reliefs by Dekkers. Lien Dekkers* owned at least ten pieces of jewellery by the couple, including the gold *Onion Bracelet*.[28] The strict, systematic work of Ad Dekkers had a profound influence, especially on Emmy's work.

15, 84

The exhibition in Galerie Swart had far-reaching consequences for both Gijs and Emmy. The visitors included the head of the applied art department at the Stedelijk Museum and one of his curators, Wil Bertheux* and Liesbeth Crommelin.*[29] They were so impressed with what they saw that they invited Bakker and Van Leersum to participate in an exhibition the following spring: 'Edelsmeden 3'.

25   On their introduction to Galerie Swart, see Van Zijl 2005, op. cit. (note 6), p.38, note 39.

26   Staal 1989, op. cit. (note 21), p. 9, 19-20.

27   Ibid.

28   Personal communication from Peter Struycken to the author by e-mail, 13 May 2013; mention of the ownership of the bracelet in *Sieraad 1900-1972. Eerste triënnale onder auspiciën van de Amersfoortse Culturele Raad*, exhib. cat. Amersfoort (Zonnehof) 1972, n.p., under 'Lijst van tentoongestelde sieraden, Periode 1940-1972, Nederland', cat. no. 399.

29   At this exhibition, Bertheux and Crommelin were accompanied by Herman Swart (no relation to Riekje Swart), the director of the Netherlands Art Foundation (Nederlandse Kunststichting), who was married to the goldsmith and jewellery maker Esther Swart-Hudig. Gijs and Emmy knew Esther and respected her work, and were also acquainted with Herman Swart. Personal communication from Gijs Bakker to the author, 8 November 2013.

The Opening of 'Edelsmeden 3'

The invitation to participate in an exhibition in the 'temple of modern art', the Stedelijk Museum, set off a flurry of activity. Bakker and Van Leersum seized this opportunity to present their views to the public in the ideal way, by placing their jewellery in the context of fashion. It was a constant source of frustration to them that jewellery was not seen in connection with clothing. Brooches were a particular problem: 'Jewellery should be more than just a button on your clothes.'[30] Part of their message was that emancipated modern women should decide for themselves what to wear, as an expression of their individuality. They fulminated against the image of jewels as a 'gift from your husband', to be worn regardless of the occasion, and of jewels so costly that they turned women into walking safes.

The couple's personal archives include a draft of a letter to Wil Bertheux of the Stedelijk Museum, which must have been written after they had discussed their contribution to the exhibition with the museum staff. Bakker recalls that during that visit he was very anxious about the possibility of rejection; he had brought his *Stovepipe Collar* in a plastic bag.[31] The curator, Liesbeth Crommelin, remembers that the idea of showing people wearing the jewellery was discussed at that meeting and met with general approval – that it was actually a joint decision.[32] Whatever the case may be, in the draft letter Gijs and Emmy filled in the details of the ideas discussed at the meeting:

> We propose to put on the show (± half an hour) with about
> 20 models in the following way:
> In a dark room, to the accompaniment of electronic music,
> with 3 models moving, standing, or walking in succession,
> alternating with light pictures flashed onto a screen.[33]

30   'Gijs Bakker en Emmy van Leersum', op. cit (note 8).
31   Van Zijl 2005, op. cit. (note 6), pp. 30, 48-49.
32   Personal communication from Liesbeth Crommelin to the author, 27 February 2012.
33   Handwritten draft letter in *Plakboek 1966-'67*, Stedelijk Museum 's-Hertogenbosch archives. Shown in Van Zijl 2005, op. cit. (note 6), pp. 86-87. If a later version of this letter was sent, it is not in the archives of the Stedelijk Museum.

De opening van de tentoonstelling vond plaats in de aula van het museum
op 12 mei 1967. Er is geen beeld van overgeleverd: er zijn geen foto's van de
show gemaakt, er is niet gefilmd. Ondenkbaar in het huidige tijdperk, waarin
elk evenement met smartphones wordt vastgelegd.

Voor een reconstructie is men aangewezen op de tientallen recensies
in dag- en weekbladen, vaak geïllustreerd met foto's die voorafgaand aan
de modeshow voor pr-doeleinden waren gemaakt. Daarnaast zijn er enkele
ooggetuigenverslagen. Eén verslaggever beschreef verwonderd zijn indrukken voor een kunstprogramma op de radio:

> Televisiekijkers zullen me begrijpen als ik spreek van een orioneske
> sfeer: een donker, elektronisch oerwoud, waarin de mannequins zich
> bewogen als heelalvogeltjes in baltskleed. De sieraden, voor het
> merendeel grote spangen en halskragen van metaal, die een enkele
> maal zelfs de functie hadden het jurkje op te houden – een uitstekende
> vondst – mogen dan soms doen denken aan kachelpijpjes, haarwas-
> bekkens, wapenrustingen of zelfs aan vliegtuigonderdelen – zodat
> eventuele erotische gevoelens onmiddellijk worden geplatonizeerd
> tot een 'Fokker friendship'; zij zorgden bij de minste weerkaatsing
> voor adembenemende lichteffecten, waarin soms ook de kleur van het
> verwerkte metaal, of zelfs van de eenvoudige jurkjes werd betrokken.
> Een heerlijk spel valt met deze sieraden te bedrijven. Het gaf mij
> het gevoel als Mozes te staan aan de drempel van een maagdelijk
> land van belofte, dat – hoezeer het mag worden beheersd [sic] door
> de hardheid van het metaal, de ongenaakbaarheid van plastics en de
> wetten der elektronica, beslist niet gespeend zal zijn van romantiek.[34]

Bij een ander riep de verduisterde aula met de vreemde muziekklanken het
beeld op van een dierentuin bij nacht:

> (…) een wonderlijke vertoning die in een pik-verduisterde aula, tegen
> een achtergrond van elektronische muziek plaatsvond.
> De genodigden, die eerst een poosje naar de 'muziek' moesten luiste-
> ren, kregen onwillekeurig het gevoel als of ze bij nacht in en leeuwen-
> kooi in Artis waren opgesloten: er stegen onheilspellende oergelui-
> den op, ergens klonk het gebrul van roofdieren en een kind, dat de

---

34 Uitgeschreven tekst van het verslag van Boy Wander voor het VARA-programma
Artistieke staalkaart jrg. 21, nr. 20, uitzending woensdag 17 mei 1967 van 19.20 tot 20.00 uur,
Hilversum 2, archief Stedelijk Museum, Amsterdam.

voorstelling op schoot van zijn moeder bijwoonde, barstte in angstig wenen uit… Toen flitste een schijnwerper aan en op het zwarte podium verschenen mannequins, barrevoets en gehuld in ruimtevaartachtige kledij of in zilverwitte hansopjes. In de lichtbundels van felle, uit en aan flikkerende spotlights maakten de meisjes ritmische bewegingen zodat de sieraden welke zij om hals, armen en oren droegen duidelijk zichtbaar werden.[35]

De muziek die deze 'buitenaardse' en een tikkeltje onheilspellende sfeer wist op te roepen, was van de Nederlandse componist Tom Dissevelt en afkomstig van de lp *Fantasy in Orbit. Round the World with Electronic Music*. Hierop staan veertien nummers die een ode vormen aan de ruimtevaart. In de toelichting bij de nummers worden in poëtische bewoordingen de gewaarwordingen van de mens in de ruimte beschreven: de ongekende verten, fantasieën over atmosferische kleurwisselingen, vreemde geluiden en het grotendeels wegvallen van het gevoel voor tijd en ruimte.

Deze 'spacemuziek' was niet door Bakker en Van Leersum zelf uitgezocht maar door Frits Weiland, componist en publicist en een autoriteit op het gebied van elektronische muziek. Hij was nauw betrokken geweest bij de productie van Dissevelts lp en zorgde ook voor de compilatie van de nummers die Emmy van Leersum voor de show had uitgezocht.[36]

Het ruimtevaartthema van de muziek sloot naadloos aan bij de futuristische kleding en sieraden die Bakker en Van Leersum showden. Vijf spots belichtten de mannequins die ritmisch bewegend en kleine cirkels draaiend de catwalk op- en afgingen. Zij moesten ervoor zorgen dat de metalen sieraden perfect werden uitgelicht, wat een nauwkeurige afstemming vereiste. 'Staat een mannequin namelijk een halve meter te veel naar links op het toneel dan mist de lichtbundel haar en haar sieraad en is het effect zonder meer verloren', noteerde een modejournaliste die bij de doorloop aanwezig was.[37]

35   Wijers 1967, op. cit. (noot 2).

36   Frits Weiland wordt vermeld in de conceptbrief (zie noot 33) en op een getypt document m.b.t. de organisatie van de opening op 12 mei 1967, archief Stedelijk Museum. Weiland werkte in het in Utrecht gevestigde Instituut voor Sonologie. Hoe het contact tussen Weiland en Bakker en Van Leersum tot stand is gekomen, is niet bekend. Voor het Stedelijk was hij geen vreemde, want Weiland verzorgde in de serie *Muziek van Nu* elektronische concerten voor het museum. Zie *Wikipedia* s.v. Frits Weiland. Voor de compilatie, zie de aantekeningen van Emmy van Leersum op het informatievel bij de lp, coll. Gijs Bakker, Amsterdam.

37   Erna van den Berg, 'Dag uit het leven van een fotomodel', *Cri* nr. 29, 22 juli 1967, p. 26-30, p. 30.

The opening of the exhibition took place in the museum auditorium on 12 May 1967. We have no images of the event; no photographs were taken or films made, as unthinkable as that may seem today, when every event is recorded on Smartphones.

To reconstruct the show, we must turn to the dozens of reviews in newspapers and magazines, many of which are illustrated with photographs taken beforehand for PR purposes. A few eyewitness accounts have also survived. One astonished reporter described his impressions in an art programme on the radio:

> Television-watchers will understand what I mean by an Orionesque ambiance: a dark, primeval electronic forest in which the models moved about like cosmic birds in mating plumage. The pieces of jewellery, for the most part large metal clasps and collars, some of which even served to hold up dresses (a brilliant idea), may sometimes have been reminiscent of stovepipes, hair-washing basins, suits of armour, or even airplane parts – so that any erotic feelings were quickly platonized into mere 'Fokker friendships' – but whenever they caught the least bit of light, they produced a breath-taking light show of reflections, in which the colours of the treated metal and even of the simple dresses were sometimes visible.
>
> Marvellous games can be played with this jewellery. It made me feel like Moses, standing at the threshold of an unspoilt promised land where, despite the prominence of hard metal, inapproachable plastics and the laws of electronics, the romantic spirit is certainly not dead.[34]

For another commentator, the dimly lit auditorium with its strange music conjured up the image of a zoo at night:

> ... a marvellous spectacle, heightened by the pitch-black auditorium and a background of electronic music. The guests, who were initially obliged to sit in the dark, listened to the 'music' and began to feel as though they had been shut up for the night in the lion's enclosure at the zoo: ominous jungle noises were heard all

34   Transcriptions of Boy Wander's report on the VARA programme *Artistieke staalkaart*, vol. 21, no. 20, broadcast on Wednesday 17 May 1967, 7:20 pm to 8:00 pm, Hilversum 2, Stedelijk Museum archives, Amsterdam.

around, predators roared... A spotlight then flicked on as models – barefoot and draped in space-age costumes or silvery white jumpsuits – appeared on the black stage. The girls moved rhythmically under the bright, strobing lights, clearly highlighting the jewellery they wore around their necks, arms and ears.[35]

The music that evoked this 'unearthly' and slightly ominous atmosphere was by Dutch composer Tom Dissevelt, from his LP *Fantasy in Orbit: Round the World with Electronic Music*, with 14 tracks that form an ode to space travel. The album notes offer poetic descriptions of the sensations of drifting in space: the inconceivable distances, fantasies about atmospheric colour changes, strange noises, and the near absence of a sense of time and place.

This 'space music' was not chosen by Bakker and Van Leersum, but by Frits Weiland, a composer and commentator in the field of electronic music. He was closely involved in the production of Dissevelt's LP and also provided the compilation of the tracks that Emmy van Leersum selected for the show.[36]

The musical theme of space travel perfectly complemented the futuristic clothing and jewellery that Bakker and Van Leersum put on show. Illuminated by five spotlights, the models moved rhythmically, spinning in small circles as they went up and down the catwalk. They had to make sure the metal jewellery was ideally lit, and that required careful timing. 'If a model stands half a metre too far to the left on the stage, then the beam of light misses her and her ornament, and the effect is lost completely,' a fashion journalist commented after seeing the run-through.[37]

35   Wijers 1967, op. cit. (note 2). English translation in: Jane Pavitt, 'Objects to Think With. Gijs Bakker and Emmy van Leersum and Body Adornment in the 1960s', in: Jan van Adrichem and Adi Martis (eds.), *Stedelijk Collection Reflections. Reflections on the Collection of the Stedelijk Museum Amsterdam*, Amsterdam/Rotterdam 2012, pp. 389-404, p. 397.

36   Frits Weiland is mentioned in the draft letter (see note 33) and in a typed document about the organization of the opening on 12 May 1967, Stedelijk Museum archives. Weiland worked for the Institute of Sonology in Utrecht. How Weiland came into contact with Bakker and Van Leersum is unknown. He was no stranger to the Stedelijk, however, having organized electronic concerts in the *Muziek van Nu* (Music of Today) series. See the Dutch-language Wikipedia entry 'Frits Weiland'. On the compilation, see Emmy van Leersum's notes on the information sheet accompanying the LP, collection of Gijs Bakker, Amsterdam.

37   Erna van den Berg, 'Dag uit het leven van een fotomodel', *Cri*, no. 29, 22 July 1967, pp. 26-30, at p. 30.

19 Uitnodigingskaart opening tentoonstelling 'Edelsmeden 3' /
Invitation to the opening of the exhibition 'Edelsmeden 3' (Silversmiths 3)
archief/archives Stedelijk Museum Amsterdam

in het stedelijk museum te amsterdam
zal van 12 mei tot en met 11 juni 1967
een tentoonstelling worden gehouden onder de titel

edelsmeden 3

werk van clara schiavetto, f. ligtelijn, emmy van leersum,
g. bakker, n. van beek

---

de direkteur van de gemeentemusea heeft het genoegen
u uit te nodigen
tot bijwoning van de opening op vrijdag 12 mei a.s. te 17.00 uur
hierbij zal een deel van de sieraden tijdens een show in de aula
gedragen worden

geldig voor twee personen

20 Foto uit plakboek van Emmy van Leersum met als bijschrift:
'Met Renie, onze eerste mannequin, in het Stedelijk' /
Photograph from Emmy van Leersum's scrapbook with the caption:
'With Renie, our first model, in the Stedelijk'
Plakboek 1965, '66, '67, '68, archief/archives Stedelijk Museum 's-Hertogenbosch

21 Sonja Bakker tijdens de generale repetitie, kort voor de opening,
foto uit *Cri,* 22 juli 1967 / Sonja Bakker at the run-through, just prior to the
opening, photograph from *Cri,* 22 July 1967
foto/photo Peike Reintjens

22 Overzicht met tekeningen van jurken met opschrift 'sieraden van Emmy' /
Overview with drawings of dresses and the caption 'jewellery by Emmy'
coll. Tiny Leeuwenkamp-Bakker, Amersfoort

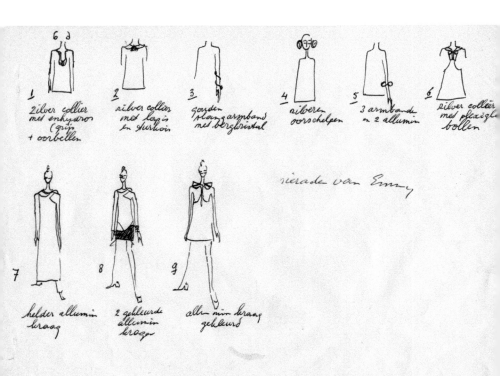

23 **Overzicht met tekeningen van jurken met opschrift 'sieraden van Gijs' /
Overview with drawings of dresses and the caption 'jewellery by Gijs'**
coll. Tiny Leeuwenkamp-Bakker, Amersfoort

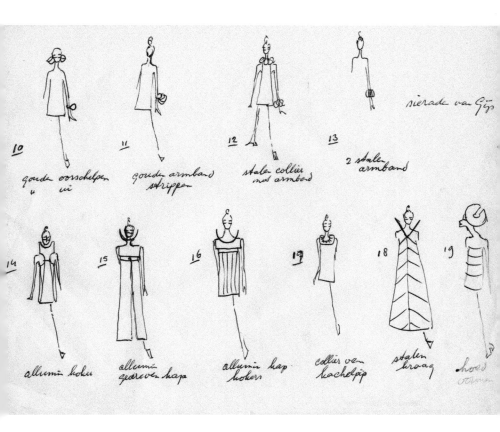

24 Tekening van strapless jurk met stofstalen van zeegroene ottomanzijde met daaroverheen zijden organza die gedragen is met sieraad 2 uit afb. 22. Collier en jurk zijn beide verloren gegaan. / Drawing of strapless dress with sea-green Ottoman silk fabric sample covered with silk organza, worn in combination with object 2 from fig. 22. The collar and dress have both been lost.
coll. Tiny-Leeuwenkamp-Bakker, Amersfoort

25 Tekening van jurk met stofstaal van beige ottomanzijde die gedragen is met sieraad 3 respectievelijk 11 uit afb. 22 en 23: Emmy van Leersums *Slangen-armband* (1964) en Gijs Bakkers *Tien-lussenarmband* (1965). / Drawing of dress with beige Ottoman silk fabric sample, worn in combination with objects 3 and 11 from figs. 22 and 23: Emmy van Leersum's *Serpent Bracelet* (1964) and Gijs Bakker's *Ten-loop Bracelet* (1965).
coll. Tiny-Leeuwenkamp-Bakker, Amersfoort

26 Tekening van mini-jumpsuit en stofstaal van witte ottomanzijde die gedragen is met sieraad 13, respectievelijk 19 uit afb. 23: Gijs Bakkers *Puntlasarmband* (1966) en *Hoofdvorm* (1967). De mini-jumpsuit is verloren gegaan. / Drawing of a mini jumpsuit with white Ottoman silk fabric sample, worn in combination with objects 13 and 19 from fig. 23: Gijs Bakker's *Point Welded Bracelet* (1966) and *Head Form* (1967). The mini jumpsuit has been lost.
coll. Tiny-Leeuwenkamp-Bakker, Amersfoort

27 Tekening van jurk en stofstaal van grijsblauwe ottomanzijde die gedragen is met sieraad 16 uit afb. 23: de tweede grote halskraag (verblijfplaats onbekend). / Drawing of dress with greyish-blue Ottoman silk fabric sample, worn in combination with object 16 from fig. 23: the second large collar (current location unknown).
coll. Tiny-Leeuwenkamp-Bakker, Amersfoort

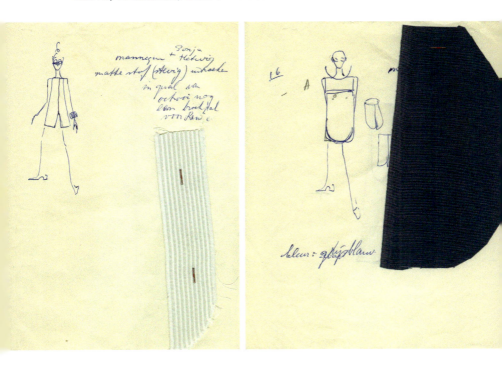

28 **Emmy van Leersum, jurk met halskraag, 1966, kunstzijde, zilver, perspex / dress with collar, 1966, rayon, silver, acrylic glass**
coll. Centraal Museum Utrecht
foto's/photos Adriaan van Dam

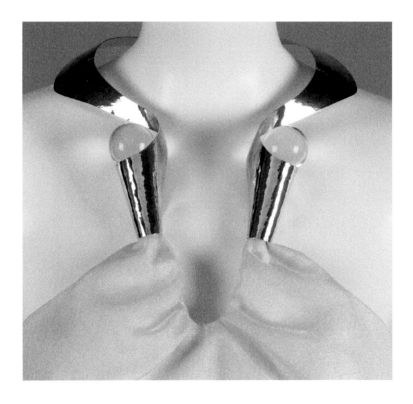

**Emmy van Leersum, armband, 1966, paars geanodiseerd aluminium /
bracelet, 1966, purple anodized aluminium**
coll. Stedelijk Museum 's-Hertogenbosch

30 **Emmy van Leersum, armband, 1966, aluminium / bracelet, 1966, aluminium**
coll. CODA, Apeldoorn (bruikleen Rijksdienst voor het Cultureel Erfgoed/ on loan from the Cultural Heritage Agency of the Netherlands)

31 Renie van Wijk in fuchsiakleurige jurk met aluminium halskraag, 1967 /
Renie van Wijk in fuchsia-coloured dress with aluminium collar, 1967
foto/photo Sjaak Ramakers

32 **Emmy van Leersum, halskraag met lichtblauwe jurk, 1967, aluminium en ottomanzijde / collar with light blue dress, 1967, aluminium and Ottoman silk**
coll. Stedelijk Museum 's-Hertogenbosch

33 Model Bambi Uden met golvende aluminium halskraag / Model Bambi Uden with swirling aluminium collar

34 Model Bambi Uden met twee geanodiseerde aluminium armbanden en bijpassende lila jurk. De jurk is verloren gegaan. / Model Bambi Uden with two anodized aluminium bracelets and matching purple dress. The dress has been lost.

foto's/photos Mattijs Schrofer, afgebeeld in / published in: 'Bijous van de toekomst?' (Jewellery of the future?), *Margriet* no. 34, 26 August 1967

35 **Sonja Bakker in blauwzwart broekpak met aluminium halskraag, 1967 /**
Sonja Bakker in a bluish-black pantsuit with aluminium collar, 1967
broekpak/pantsuit coll. Gemeentemuseum Den Haag/The Hague
halskraag/collar coll. Stedelijk Museum 's-Hertogenbosch
foto/photo Matthijs Schrofer

36 **Sonja Bakker in turquoise halsterjurk met geanodiseerde aluminium kokerkraag, 1967 / Sonja Bakker in a turquoise halter dress with cylindrical anodized aluminium collar, 1967**
jurk/dress coll. Gemeentemuseum Den Haag/The Hague
halskraag/collar coll. Stedelijk Museum 's-Hertogenbosch
foto/photo Matthijs Schrofer

37 Sonja Bakker met *Kachelpijpcollier* en *Kachelpijparmband*, 1967, lila geanodiseerd aluminium. De jurk is verloren gegaan. / Sonja Bakker with the *Stovepipe Collar* and *Stovepipe Bracelet*, 1967, purple anodized aluminium. The dress has been lost.
collier/collar coll. Centraal Museum Utrecht
armband/bracelet coll. Stedelijk Museum 's-Hertogenbosch
foto/photo Matthijs Schrofer

38 Renie van Wijk met drie combinaties van de plastic *Hoofdvorm* van
Gijs Bakker, 1967 / Renie van Wijk in three combinations of Gijs Bakker's
plastic *Head Form*, 1967
foto's/photos Sjaak Ramakers

39 Spotprent uit *'t Revètsje*, orgaan van de firma Cox-Geelen,
Eerste Nederlandse fabriek van kachelpijpen in Maastricht, 12 (1967) 7 /
Humorous picture from *'t Revètsje*, the corporate newsletter of the
Cox-Geelen firm, which ran a stovepipe factory in Maastricht, 12 (1967) 7
Plakboek 1966–'67, archief/archives, Stedelijk Museum 's-Hertogenbosch

Een flatteus "kraaienrooster"-
hoedje met ellebogen-hals-garne-
ring.

Ook een "Nelsonkap" gegarneerd
met fruit en groente doet het
goed als hoed.Op de fameuze "As-
cotrennen" zou hij furore maken.
Oorringen van aluminium pijpbeu-
gels en een halsketting van
draadspanners completeren het
geheel.

Het bereikte resultaat vinden
wij in één woord gezegd "fantas-
tisch". Wie de fotoreportages in
"Margriet" en "Panorama" heeft gezien zal dit zonder meer beamen.
Het is dan ook niet de eerste -
de-beste die, na het textiel,thans
het papieren tijdperk in de damesmode wil verdringen en het metalen
tijdperk ingang wil doen vinden.
Beeldhouwer-ontwerper Gijs Bakker en zijn kunstzinnige echtgeno-
te Emmy van Leersum hebben op dat
gebied hun sporen reeds verdiend.
Hun experimenteren en zoeken naar
nieuwe vormen en toepassingsmoge-
lijkheden achten experts van grote
waarde voor de ontwikkeling van de
damesmode. Grote aluminium kragen,
metalen vlakken om het licht op te
vangen en terug te kaatsen, aange-
paste juwelen en byoux, dat zijn
volgens het vooruitstrevend echtpaar de dingen waar de moderne
vrouw der toekomst om zal schreeu-
wen.

In hun sieradenboutiek aan de
Oude Gracht in Utrecht kan men vele van hun qua vorm en materiaal
uitzonderlijke produkten bewonde-
ren. Hun creaties trokken reeds de
aandacht op exposities in het Stedelijk Museum te Amsterdam en in
de Ewan Phillips Gallery te London.
Creaties die de vrouw van nu misschien nog wat vreemd aandoen,maar
die "straks" algemeen bewonderd,
begrepen en aanvaard zullen worden.

Lijkt zij niet sprekend op
de Franse "Marianne"? Toi-
letje samengesteld uit onderdelen van een Trekonder-
breker en stutsen van BZ.
Hoofdtooi aluminium ver-
stek-elleboog 200 ∅.

Teenager tussen de bochten.
De CG-byoux die zij draagt
zijn wrongen en pijpbeu-
gels. De halsgarnering van
aluminium verstek-bochtjes
past goed bij het "nisbus"
hoedje.

40 **Gijs Bakker, halskraag, 1967, aluminium / collar, 1967, aluminium**
coll. Stedelijk Museum Amsterdam
foto/photo Rien Bazen

41 **Adèle Bloemendaal met grote aluminium halskraag van Emmy van Leersum en lurex broekpak van Alice Edeling in de film** *Een kleine komedie* **van Teo Joling, 1968 / Adèle Bloemendaal wearing Emmy van Leersum's large round aluminium collar and a Lurex pantsuit designed by Alice Edeling in the film** *Een kleine komedie* **(A little comedy), directed by Teo Joling, 1968**
halskraag/collar coll. Centraal Museum Utrecht

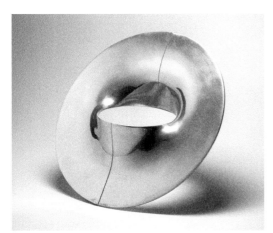

42 Foto van Paul Huf gemaakt voor de modereportage in het Moskounummer van *Avenue*, maart 1966. Modellen Femke van den Bosch en Sonja Bakker zijn gefotografeerd voor de ruimtecapsule van astronaut Gagarin. / Photograph by Paul Huf for the fashion feature in the Moscow issue of *Avenue*, March 1966. Models Femke van den Bosch and Sonja Bakker were photographed in front of cosmonaut Yuri Gagarin's space capsule.

43 **Wim Crouwel gefotografeerd door Paul Huf voor een modereportage over Alice Edeling voor** *Avenue*, **augustus 1969. Het oranje hemd is gemaakt van 'space silk', een synthetische stof. / Wim Crouwel photographed by Paul Huf in an Alice Edeling fashion shoot for** *Avenue*, **August 1969. The orange shirt is made of 'space silk', a synthetic fabric.**
foto/photo © Maria Austria Instituut

44 Foto van William Klein, gemaakt tijdens de opname van zijn film
Qui êtes-vous Polly Maggoo?, 1965–1966 / Photograph taken by William Klein,
made during the filming of *Qui êtes-vous Polly Maggoo?*, 1965–1966

De creaties werden door drie modellen geshowd: Sonja Bakker, Hedwig Fortuin en Renie van Wijk. Renie van Wijk* was een vriendin van Emmy van Leersum uit Utrecht. Net als Emmy was zij hartstochtelijk geïnteresseerd in mode en bovendien hadden ze dezelfde maat. Zij voldeed aan de eis dat de sieraden en jurken door gewone meisjes werden geshowd in plaats van 'gladde juffen' als reactie op de als arrogant ervaren modellen van de Parijse haute couture.[38] Voor de juiste look werd Renie door Emmy onder handen genomen: het haar moest kort en haar make-up naar de laatste mode.

In tegenstelling tot Renie waren Sonja Bakker* en Hedwig Fortuin* professionele fotomodellen. Zij waren ingehuurd via 'Model planning', het eerste Nederlandse modellenbureau, dat in 1964 was opgericht door ex-Miss World Corine Rottschäfer.[39]

Op de dag van de opening in het Stedelijk werd Sonja Bakker gevolgd door modejournaliste Erna van den Berg. Zij schreef een reportage over een dag uit het leven van twee Nederlandse fotomodellen – van wie Sonja er één was – voor het nieuwe tijdschrift *Cri*.[40] Meer nog dan Sonja was Hedwig Fortuin een haute-couture-model. Zij liep voor Nederlandse couturiers als Dick Holthaus, Max Heijmans en Ernst Jan Beeuwkes. Hedwig had een vrij koel imago, Sonja was sexier en werd beschouwd als een van dé modellen van Nederland.[41]

Behalve kleding zijn ook lichaamsvorm en houding kenmerkend voor een tijdperk.[42] Welke houding moesten de modellen aannemen en hoe was hun silhouet? Uit gesprekken met Sonja Bakker en Renie van Wijk is gebleken dat Emmy hierbij de regie voerde. De modellen kwamen gedrieën op. 'We stonden te bewegen, zonder aanwijzingen, op geluiden meer dan muziek, ongestructureerd', herinnert zich Renie van Wijk. De modellen kwamen zo'n drie tot vier keer op. Hedwig en Sonja hadden hun haar strak naar achteren in een knotje, Renie had kort haar. De modellen gebruikten hun eigen make-up en waren opgemaakt à la Twiggy, het beroemde Engelse

38   Marian Spinhoven, 'Emmy en Gijs Bakker. Exposeren in 't Stedelijk', *Nieuw Utrechts Dagblad*, 14 april 1967.
39   José Teunissen (inl. en red.), *Mode in Nederland*, Arnhem 2006, p. 198.
40   Van den Berg 1967, op. cit. (noot 37).
41   Mededeling van Max van Rooy aan de auteur, d.d. 29 januari 2013. Van Rooy was de toenmalige partner en latere echtgenoot van Hedwig Fortuin. Zie ook de herinneringen aan zijn vrouw, die in 2002 overleed, in: Max van Rooy, *Leve het been (snijtijd 90 minuten)*, Amsterdam 2012, passim.
42   Nanda van den Berg, 'Hoe het vrouwenlichaam langzaam verdwijnt', in: Jan Brand et al. (red.), *De Nieuwe Man*, Zwolle/Arnhem 2010, p. 28-57, p. 35.

fotomodel met haar grote poppenogen en bleekroze lipstick.[43] Het artikel in *Cri* vermeldt dat Sonja een klein make-uptasje bij zich heeft. Zij brengt met een pincet haar wimpers op en een 'zeer lichte tint lipstick'.[44]

De foto die in het blad staat afgebeeld, is de enige foto die een beeld geeft van de wijze waarop de modellen de kleding en sieraden van Gijs en Emmy showden. Op haar tenen, blootsvoets, staat Sonja in een kort jurkje dat haar lange benen en armen goed laat uitkomen. Het weggetrokken haar legt alle nadruk op haar gezicht met de zwaar aangezette ogen en volle, bleke mond. Het fotobijschrift luidt: 'Tussen de verschillende lichtbundels moet Sonja zó staan dat het sieraad (om haar hals) al het licht vangt'.

Gijs Bakker en Emmy van Leersum zochten in hun nieuwe werk een samengaan van sieraad, kleding en persoonlijkheid van de draagster: een *total look*. In overeenstemming met de jongerenmode van hun tijd zagen zij kleding als een uiting van zelfexpressie. De mode van de jaren zestig distantieerde zich van een mode die tot dan toe onlosmakelijk verbonden leek met rijkdom en macht. Mooie kleren waren niet langer voorbehouden aan de elite en de welgestelden.[45] Die opvatting trokken de twee edelsmeden door naar hun sieraadkunst.

Het witte mini-jurkje dat Sonja op de foto draagt, is het eerste werk waarin Emmy haar opvattingen over integratie van sieraad en kleding liet zien. Het is van 1966. Het plat om de hals liggende sieraad heeft de vorm van een kraagje dat uitloopt in twee krullen waaraan de jurk met behulp van twee perspex bollen is opgehangen. Het halssieraad is van gedreven zilver en harmonieert met het transparante acrylaat van de bolletjes en de glinsterende zilverwitte stof van de jurk.

Ook een andere creatie van Emmy gaat uit van een sieraad/kraag waaraan de jurk is opgehangen. Deze keer is de verbinding op één punt gemaakt, in het midden van het lijfje. De kraag bestaat uit twee delen en is vergeleken met het eerste werk een stuk groter. En niet alleen dat, hij is ook van aluminium, het materiaal waarvan Gijs en Emmy zich tijdens de voorbereiding van de tentoonstelling steeds vaker gingen bedienen. De bijbehorende jurk heeft een haltermodel in de voor de jaren zestig zo typerende A-lijn en is gemaakt van een fluorescerende fuchsiakleurige zijde.

43   Mededeling van Renie van Wijk aan de auteur, d.d. 17 mei 2011.
44   Sonja maakte zich in een van de stijlkamers van het museum op. Van den Berg 1967, op. cit. (noot 37), p. 30.
45   Richard Martin, 'Voorbij schijn en gewoonte. De fijne neus van de avant-garde in mode en kunst sinds de jaren zestig', in: Jan Brand et al. (red.), *Mode en verbeelding. Over kleding en kunst*, Zwolle/Arnhem 2007, p. 26-43, p. 27 e.v.

The creations were shown by three models: Sonja Bakker, Hedwig
Fortuin and Renie van Wijk. Renie van Wijk* was a friend of Emmy van
Leersum's from Utrecht. Like Emmy, she took a passionate interest in
fashion, and furthermore they wore the same size. She met the requirement that the jewellery and dresses should be shown by ordinary girls
rather than 'polished mademoiselles', a reaction to the perceived arro-
gance of models of Parisian haute couture.[38] Emmy worked on Renie to
achieve just the right look: she needed shorter hair and more fashionable
makeup.

Unlike Renie, Sonja Bakker* and Hedwig Fortuin* were professional
photo models. They were hired through Model Planning, the first Dutch
modelling agency, established by former Miss World Corine Rottschäfer
in 1964.[39]

On the day of the opening in the Stedelijk, fashion journalist Erna
van den Berg followed Sonja Bakker, gathering material for an article
on a day in the life of two Dutch photo models – one of whom was Sonja
– for the new magazine Cri.[40] Hedwig Fortuin was even more of a haute
couture model than Sonja. She walked for Dutch high fashion designers
like Dick Holthaus, Max Heijmans and Ernst Jan Beeuwkes. Hedwig had
the image of being somewhat aloof, while the sexier Sonja was regarded
as one of the top Dutch models.[41]

Besides their clothing, their figures and poses are also represen-
tative of their time.[42] How were those poses selected, and what kind of
silhouettes did the models have? In conversation, Sonja Bakker and
Renie van Wijk have explained that Emmy took the leading role here. The
three models strode down the catwalk together. 'We were moving without directions, more to sounds than to music, in an unstructured way,'
Renie van Wijk recalls. They did three or four walks in total. Hedwig and
Sonja had their hair in tight buns; Renie's hair was cut short. The models
used their own cosmetics and were made up in the style of Twiggy, the
famous English fashion model with large baby-doll eyes and pale pink

38   Marian Spinhoven, 'Emmy en Gijs Bakker. Exposeren in 't Stedelijk',
Nieuw Utrechts Dagblad, 14 April 1967.
39   José Teunissen (intro. and ed.), Mode in Nederland, Arnhem 2006, p. 198.
40   Van den Berg 1967, op. cit. (note 37).
41   Personal communication from Max van Rooy to the auteur, 29 January 2013.
Van Rooy was then the domestic partner and later the husband of Hedwig Fortuin.
See also his recollections of his wife, who died in 2002, in Max van Rooy, Leve het
been (snijtijd 90 minuten), Amsterdam 2012, passim.
42   Nanda van den Berg, 'Hoe het vrouwenlichaam langzaam verdwijnt', in
Jan Brand et al. (eds.), De Nieuwe Man, Zwolle/Arnhem 2010, pp. 28-57, at p. 35.

lipstick.[43] The article in *Cri* reported that Sonja was carrying a small cosmetic bag. She applied her eyelashes with tweezers and wore a 'very light shade of lipstick'.[44]

21 The photograph printed in the magazine is the only surviving indication of the manner in which the models showed Gijs and Emmy's clothing and jewellery. Sonja stands barefoot on tiptoe in a short dress that flatters her long arms and legs. Her pulled-back hair places all the emphasis on her face, with its strongly accentuated eyes and full, pale lips. The photo caption is: 'Between the spotlights, Sonja has to stand so that the jewellery (around her neck) catches all the light.'

In their new artistic work, Gijs Bakker and Emmy van Leersum sought the combined effect of jewellery, clothing and the model's personality: a total look. Like most designers of young fashion in their day, they saw clothing as an expression of personal identity. The fashions of the 1960s strove to break free of fashion's traditional and seemingly unbreakable association with wealth and power. Fine clothes were no longer reserved for the rich and powerful.[45] Gijs and Emmy's jewellery reflected this new approach.

28 The white mini-dress that Sonja is wearing in the photograph is the earliest demonstration of Emmy's ideas about the integration of jewellery and clothing. It dates from 1966. The ornament, which lies flat around the neck, is shaped like a collar, with curls at either end that hold two acrylic glass balls from which the dress is suspended. The neckpiece is made of chased silver and harmonizes with the transparent material of the balls and the gleaming silver-white fabric of the dress.

Another of Emmy's creations is also based on an ornamental collar from which the dress hangs. In this case, the ornament and dress are connected at just one point, in the middle of the bodice. This collar has two parts and is much larger than the other one. Not only that, but it is made of aluminium, a material to which Gijs and Emmy turned more and more often as they prepared for the exhibition. The accompanying dress is in a halter model with the A-line typical of the 1960s and is made of

31 fluorescent fuchsia silk.

---

43 Personal communication from Renie van Wijk to the author, 17 May 2011.

44 Sonja put on her make-up in one of the museum's period rooms. Van den Berg 1967, op. cit. (note 37), p. 30.

45 Richard Martin, 'Voorbij schijn en gewoonte. De fijne neus van de avant-garde in mode en kunst sinds de jaren zestig', in Jan Brand et al. (eds.), *Mode en verbeelding. Over kleding en kunst*, Zwolle/Arnhem 2007, pp. 26-43, at pp. 27ff.

Behalve deze twee mini-jurken ontwierp Emmy een lange jurk met een los halssieraad. De jurk is gemaakt van een ijsblauwe ottoman zijde en heeft een asymmetrische bovenkant: één armsgat vertoont een geometrische

32 uitsnijding terwijl het andere recht is. Het aluminium halssieraad is net als de twee andere rond en golvend, met dit verschil dat het een draaiing heeft. Door het omhoogkomen van het reflecterende metaal worden gezicht en omgeving van de draagster er als in een spiegel in weerkaatst. Dit effect is vastgelegd op een foto die later is gemaakt en in het damesblad *Margriet*

33 is gepubliceerd. In het museum heeft de lange, aristocratische Hedwig deze creatie geshowd.[46] Hoe zij jurk en kraag gedragen heeft, blijkt uit een na de show gemaakte opname, die gebruikt is voor het affiche van de tentoonstelling die Bakker en Van Leersum in de herfst van 1967 in Londen

75 zouden krijgen. Behalve de versie in helder aluminium waren er twee ge- kleurde uitvoeringen van de kraag, waarvan het niet duidelijk is bij welke jurk ze zijn gedragen. Eén daarvan was goudkleurig geanodiseerd en had een afwijkende sluiting.[47]

De golvende aluminium halskragen zijn voortgekomen uit een armband van Emmy uit 1966. Deze is nog in zilver gedreven. Met de hulp van Gijs

29, 30 kreeg het model een uitvoering in aluminium, geschikt voor serieproductie. Twee voorbeelden daarvan, één zeegroen en de ander lila geanodiseerd,

34 werden met het zilveren moedermodel op verschillende jurken geshowd. De armband met slingervorm is beslissend geweest voor het zoeken naar een moderne vorm.[48] Hij was niet decoratief, uit één stuk vervaardigd en omsloot op een natuurlijke wijze de lichaamsvorm, hals, arm of pols. De simpele, abstracte vorm paste bij de eigentijdse mode, die ook van een eenvoudige coupe uitging. De belangrijkste ontwikkeling zat echter in de overstap op aluminium: een licht en goedkoop materiaal dat niet herinnerde aan het met status en welstand verbonden goud en zilver. Door het te anodi- seren – een nieuw chemisch procedé – ontstond een volkomen glad opper- vlak, stootbestendig en kleurvast. Gijs en Emmy waren duidelijk trots op deze toepassing: de slingervorm werd in maar liefst zes variaties getoond, waarvan vier in gekleurd aluminium. De bijna industrieel ogende armbanden en halskragen van het koele, gladde materiaal rekenden af met het gehate

46 Mededeling aan de auteur van Tiny Leeuwenkamp-Bakker, d.d. 27 februari 2013.
47 Deze kraag wordt door Renie van Wijk gedragen op een van de foto's die Sjaak Ramakers met haar in de natuur maakte. De sluiting bestond uit twee schakelelementen van alumium ronddraad met een diameter van 3 mm. Mededeling van Gijs Bakker aan de auteur, d.d. 4 juni 2013.
48 Unger 2004, op. cit. (noot 3), p. 343.

kunstnijverheidsetiket dat de edelsmeedkunst aankleefde en waaraan Gijs en Emmy een bloedhekel hadden. Zij noemden zich liever 'industriële vormgevers'.[49] Een pikant detail is dat de eerste kragen en armbanden in dit nieuwe materiaal nog met de hand gemaakt moesten worden, wat een heidens karwei was.[50]

35, 36   Toen deze stap eenmaal was gezet, kon Gijs zijn grote aluminium kragen maken: de *show pieces*. De uitzinnige halsters en reusachtige kappen kwamen deels voort uit irritatie, zelfs agressie over de tuttige sieraden van de juwelierswereld. Het zijn echter vooral bravourestukken van een zelf-verzekerde ontwerper.[51] Zijn drijfveren heeft Bakker vaak moeten uitleggen aan de pers, die zich verbaasde over deze 'kachelpijpen en martelwerk-tuigen'.[52]

Het *Kachelpijpcollier* was natuurlijk een regelrechte provocatie. In een interview legde Bakker laconiek uit hoe hij bij het plaatsen van een kachel thuis op het idee kwam om van de kleinst leverbare elleboogstukken (hoekstukken), met een diameter van 5 cm, armbanden en een halskraag te maken, lila geanodiseerd. 'Een beetje een gemeen effect', aldus Bakker, 'ik zie iets pikants in de plotselinge toepassing van iets banaals als kachel-

39 pijpen in de edelsmeedkunst.'[53] Het *Kachelpijpcollier*, gedragen met een
37 zuurstokroze jurk die het 'tentjurkje' werd genoemd, stal de show. Het was een van de vier creaties met enorme halskragen waarbij jurk en kraag als één geheel waren ontworpen.[54]

Behalve de enorme halskragen maakte Bakker 'hoofdvormen' van pvc, die bestonden uit cirkelvormige banen die met drukknopen met elkaar
38 verbonden konden worden. Op de show werden verschillende mogelijkheden getoond door Renie van Wijk, die er ook mee gefotografeerd is.

49   Louwrien Wijers, 'Vormen voor de vrouw van morgen', *Algemeen Handelsblad*, 20 oktober 1967.

50   Mededeling van Gijs Bakker aan de auteur, d.d. 4 juni 2013 n.a.v. de twee ronde kragen uit de zomer van 1967: 'een ramp om te maken'. Zie ook Staal 1989, op. cit. (noot 21), p. 10.

51   Zie 'Sieraad nooit voor de vrouw gemaakt', *Bij. Het Centrum*, 11 november 1967.

52   Zie bijvoorbeeld Schreuder 1967, op. cit. (noot 7).

53   'Sieraad nooit voor vrouw gemaakt', op. cit. (noot 51).

54   Van de vierde grote kraag ontbreekt elk spoor. In 1970 raakte de kraag in bezit van het Nederlands Dans Theater; hij werd gedragen met een van de van kostuums van Gijs en Emmy in het ballet *Mutations*. Zie Van Zijl 2005, op. cit. (noot 6), p. 245, cat.nr. 49.

In addition to these two mini-dresses, Emmy designed a long dress with a separate neck ornament. The dress is made of ice-blue Ottoman silk and has an asymmetrical top, with one armhole cut in an angular form while the other is straight. The aluminium neckpiece is round and undulating like the two others, but this one has a twist. The rising curve of the reflective metal captures the wearer's face and surroundings like a mirror. This effect is illustrated by a photograph taken later and published in the women's magazine *Margriet*. In the museum, the tall, aristocratic Hedwig showed this creation.[46] We can see how she wore the dress and collar in a shot that was taken after the show and used in a poster for Bakker and Van Leersum's London exhibition in the autumn of 1967. The collar was made not only in the shiny aluminium version but also in two other colours; it is not clear which dresses these accompanied. One version was gold-anodized and had a different type of clasp.[47]

The swirling aluminium collars evolved from a hammered silver bracelet designed by Emmy in 1966. With help from Gijs, she created an aluminium model suitable for mass production. Two examples, one sea-green and the other purple-anodized, were shown along with the basic silver model and combined with various dresses. The bracelet with the twist played a central role in the quest for a modern form.[48] Rather than being elaborately decorated, it was a one-piece ornament that naturally encircled the figure, neck, arm or wrist. The simple, abstract form echoed the straightforward cuts of clothing then in fashion. The most significant development, however, was the switch to aluminium, an inexpensive, lightweight material that did not carry the same associations with wealth and prestige as gold or silver. The new chemical process of anodizing created a perfectly smooth surface that was durable and colour-fast. Gijs and Emmy were clearly proud of this innovation: they showed no fewer than six versions of the twisting form, including four in coloured aluminium. The cool, sleek material of the almost industrial-looking bracelets and collars severed the link between jewellery design and

46   Personal communication from Tiny Leeuwenkamp-Bakker to the author, 27 February 2013.
47   This collar was worn by Renie van Wijk in one of the outdoor photographs of her taken by Sjaak Ramakers. The clasp consisted of two links made from round aluminium wire 3 mm in diameter. Personal communication from Gijs Bakker to the author, 4 June 2013.
48   Unger 2004, op. cit. (note 3), p. 343.

'handicraft', a label that Gijs and Emmy loathed. They preferred to call themselves industrial designers.[49] Ironically, however, the first collars and bracelets in this new material had to be made by hand, a devilishly difficult job.[50]

Once this step was taken, Gijs could go on to make the large aluminium collars that stole the show. The outlandish neckpieces and enormous shoulder pieces were partly an irritated, or even aggressive, response to prissy, conventional jewellery. But above all, they are bravura pieces by a self-confident designer.[51] Journalists were perplexed by these 'stovepipes and instruments of torture' and often demanded explanations from Bakker.[52]

Obviously, his *Stovepipe Collar* was an outright provocation. In an interview, Bakker explained laconically how, when installing a heater at home, he had come up with the idea of using the smallest available elbow fittings (five centimetres in diameter) to make bracelets and a collar, anodized in purple. 'It's a slightly vulgar effect,' Bakker said. 'There's something that intrigues me about the unanticipated use of banal elements like stovepipes in jewellery.'[53] The *Stovepipe Collar* stole the show, worn with a bubblegum-pink dress that was known as the 'tent mini-dress'. This was one of the four ensembles with an enormous collar designed with the dress as an integrated whole.[54]

Besides the huge collars, Bakker also made PVC 'head shapes' with snap fasteners, which swirled in circles around the head. Various possibilities were exhibited at the show by Renie van Wijk, who was also photographed wearing the head shapes.

35, 36

39

37

38

49   Louwrien Wijers, 'Vormen voor de vrouw van morgen', *Algemeen Handelsblad*, 20 October 1967.

50   Personal communication from Gijs Bakker to the author, 4 June 2013, regarding the two round collars from the summer of 1967: 'disastrous to make'. See also Staal 1989, op. cit. (note 21), p. 10.

51   See 'Sieraad nooit voor de vrouw gemaakt', *Bij. Het Centrum*, 11 November 1967.

52   See e.g. Schreuder 1967, op. cit. (note 7).

53   'Sieraad nooit voor vrouw gemaakt', op. cit. (note 51).

54   The fourth large collar has vanished without a trace. In 1970 it was in the possession of the Nederlands Dans Theater, where it was worn with one of Gijs and Emmy's costumes in the ballet *Mutations*. See Van Zijl 2005, op. cit. (note 6), p. 245, cat. no. 49.

Dritte im Bunde

De opzienbarende kragen van Emmy en Gijs hebben zo veel aandacht gekregen dat bijna vergeten is dat er ook individuele sieraden geshowd zijn. De daarbij gedragen jurken zijn grotendeels verloren gegaan. Dankzij het werkarchief van de maakster van de kleding is het mogelijk de verschillende combinaties van kleding en losse sieraden te reconstrueren.

22 – 27

De jurken en broekpakken voor de show werden gemaakt door Tiny Leeuwenkamp-Bakker, de zuster van Gijs. Zij was coupeuse en had aan het Instituut voor Kunstnijverheidsonderwijs (IvKNO) de avondopleiding modetekenen gevolgd; de vaktechnische kant had ze op de huishoudschool geleerd.[55] Samen met haar broer, die in zijn oriëntatiejaar aan het IvKNO ook mode had gedaan, maakte ze hoeden en naaide ze kleding voor broers en zussen.[56] De ontwerpen waren van Gijs, de uitvoering van Tiny. Zij volgden de nieuwe mode op de voet en lazen bladen als *Harper's Bazaar*, *Vogue* en *Jardin des Mode*. Tiny kon goed patroontekenen en alles uit deze tijdschriften namaken.[57]

'Emmy koos in hoofdzaak de stoffen. Samen hebben we de kleuren en materialen uitgezocht. Het meeste komt van de Albert Cuyp, uit de Kniphal... Het waren toen al dure stoffen. Alle couturiers kochten daar hun stoffen', aldus Tiny.[58] Haar bijdrage aan de show kwam onder hoge druk tot stand. Een maand voor de opening van de tentoonstelling in het Stedelijk werkten Gijs en Emmy namelijk nog met twee modeontwerpers uit Den Haag.[59] Hun werk viel echter tegen en het contact werd verbroken. Omdat het echtpaar precies wist wat het wilde, besloten beiden de kleding zelf maar te ontwerpen en Tiny in te schakelen.[60]

Zo ontstond de *total look* van mode, sieraad, make-up, kapsel. Geen schoenen, geen accessoires: 'niets mocht het beeld verstoren'.[61] Elk element voegde zich naar het andere, en die samenhang ontging de verzamelde pers, vrienden en genodigden niet. Onder hen bevonden zich Benno Premsela*, de invloedrijke ontwerper en adviseur, Wim Crouwel, grafisch vormgever en huisontwerper van het Stedelijk Museum, mensen uit de

---

55   Mededeling van Tiny Leeuwenkamp-Bakker aan de auteur, d. d. 4 mei 2011.
56   Bijvoorbeeld de slappe hoed, een ontwerp van Gijs uit 1961, uitgevoerd door Tiny, afgebeeld in Van Zijl 2005, op. cit. (noot 6), p. 242, cat.nr. 11.
57   Mededeling van Tiny Leeuwenkamp-Bakker aan de auteur, d.d. 27 februari 2013.
58   Idem.
59   In een voorbespreking van half april vertelt Gijs Bakker dat de kleding van Thea van Loon en Henk Koldeweij van Galerie Hathor in Den Haag is, zie Spinhoven, op. cit. (noot 38). Op 1 mei wordt Tiny genoemd, zie: 'Emmy en Gijs Bakker, sieraden. Van werfkelder tot "stedelijk"', *Dagblad Tubantia*, 1 mei 1967.
60   Mededeling van Gijs Bakker aan de auteur, d.d. 16 januari 2013.
61   Mededeling van Renie van Wijk aan de auteur, d.d. 17 mei 2011.

modewereld zoals Louki Boin, hoofdredacteur van *Margriet*, later werk-
zaam bij *Avenue*, fotograaf Matthijs Schrofer*, die voor de belichting had
gezorgd, zijn vriendin Louwrien Wijers*, journaliste bij *Het Parool* en later
het *Algemeen Handelsblad*. Verder zijn schoonzusje Erna van den Berg,
op dat moment freelance journaliste en vanaf 1969 modejournaliste bij
de Volkskrant, getrouwd met grafisch ontwerper Jurriaan Schrofer, Harry
Ribbens, de directeur van het Centrum voor Industriële Vormgeving, en
kunstenaars als Ad en Lien Dekkers. Ook de jonge kunsthistorici Henk
van Os en Antje von Graevenitz waren erbij.[62] Het was een groep jonge
en progressieve mensen, actief in de wereld van kunst, vormgeving, mode
en journalistiek: zij werden de eerste fans van Gijs en Emmy.

De Space Age look

Hoe verhield het spektakel zich tot de eigentijdse cultuur?[63]

    De wedloop in de ruimtevaarttechnologie, de lancering van de
Spoetnik in 1957 en de eerste mens in de ruimte (Joeri Gagarin) in 1961
leidden midden jaren zestig tot een golf van futuristische vormgeving. Het
nieuwe tijdschrift *Avenue*, dat bij uitstek de ontwikkelingen in de tweede
helft van de jaren zestig en later zou vastleggen, maakte in 1966 een modereportage in Moskou waarin het ruimtevaarttijdperk prominent figureert.
In Eindhoven, stad van Philips, werd in hetzelfde jaar het Evoluon geopend:
een gebouw in de vorm van een vliegende schotel, symbool voor de technische vooruitgang. Wim Crouwel, die kort daarop zijn computerschrift
zou ontwikkelen, liet zich in 1969 tegen een affiche van het bouwwerk
afbeelden. Hij poseerde in stijl, gekleed in een sluik vallende outfit van
Alice Edeling, het hemd van synthetische stof. Dit zou de kleding van de
toekomst zijn. Sciencefictionfilms en tv-series als *The Thunderbirds* speel-
den zich in toekomstige tijden in het heelal af. In *Barbarella* is Jane Fonda,
'interplanetair sex-idool', op missie in het jaar 40.000.[64] De bekendste film
in het genre was *2001: A Space Odyssey* van Stanley Kubrick. Kortom, de
toekomst was 'in'.

42

43

62   Genoemde personen hebben ofwel hun aanwezigheid bevestigd aan de auteur of
hun aanwezigheid is door anderen bevestigd. Henk van Os herinnert zich dat hij in gezelschap
was van Albert Waalkens, de boer uit Finsterwolde die in zijn stallen eigentijdse kunst ex
poseerde. Mededeling van Henk van Os aan de auteur, d.d. 18 oktober 2013.

63   Zie in dit verband ook Jane Pavitt, 'Objecten om mee te denken: Gijs Bakker en
Emmy van Leersum en de lichaamsversiering in de jaren zestig', in: Jan van Adrichem en Adi
Martis (red.), *Stedelijk collectie reflecties. Reflecties op de collectie van het Stedelijk Museum
Amsterdam*, Amsterdam/Rotterdam 2012, p. 393-408.

64   André Koch et al., *Ludiek, sensueel en dynamisch. Nederlandse jeugdcultuur en
vormgeving in de jaren zestig*, Schiedam 2002, p. 79.

Silent Partner

Emmy and Gijs's remarkable collars drew so much attention that it would be easy to forget the independent jewellery included in the show. The dresses that accompanied this jewellery have mostly been lost. Thanks to the dressmaker's professional archives, we can nevertheless reconstruct the combinations of clothing with separately designed pieces of jewellery.

22 – 27

The dresses and pantsuits for the show were made by Tiny Leeuwenkamp-Bakker, Gijs's sister. She was a dressmaker and had completed the evening course in fashion drawing at the IvKNO, where Gijs and Emmy had also studied, learning craft skills at a domestic science school.[55] Tiny and her brother, who had also studied fashion during his orientation year at the IvKNO, made hats and clothing for their brothers and sisters together.[56] Gijs designed the clothes and Tiny did the sewing. They kept up to date with the latest fashions and read magazines like *Harper's Bazaar*, *Vogue* and *Jardin des Modes.* Tiny was a good pattern drafter and could replicate all the fashions in those magazines.[57]

'Emmy generally picked out the fabric. We selected colours and materials together. Most of it came from the Kniphal fabric shop at the Albert Cuyp market … these were expensive materials, even back then. All the fashion designers bought their fabric there,' Tiny explains.[58] Her contribution to the show was made under extreme time pressure. One month before the exhibition opened in the Stedelijk, Gijs and Emmy were working with two fashion designers in The Hague.[59] They were disappointed with the fashion designers' work, however, and the contract was cancelled. Because Gijs and Emmy knew exactly what they wanted, they decided to design the clothing themselves and asked Tiny to make it.[60]

The outcome was their total look: a combination of fashion, jewellery, cosmetics and hairstyles. No shoes and no accessories: 'Nothing was permitted to disrupt the overall effect.'[61] Each element was adapted to the others, and this cohesive effect did not go unnoticed by the friends,

55   Personal communication from Tiny Leeuwenkamp-Bakker to the author, 4 May 2011.
56   Such as the floppy hat designed by Gijs in 1961 and made by Tiny, shown in Van Zijn 2005, op. cit. (note 6), p. 242, cat. no. 11.
57   Personal communication from Tiny Leeuwenkamp-Bakker to the author, 27 February 2013.
58   Ibid.
59   At a preparatory meeting in mid-April, Gijs Bakker said that the clothing was to be made by Thea van Loon and Henk Koldeweij of Galerie Hathor in The Hague. See Spinhoven, op. cit. (note 38). On 1 May Tiny was mentioned; see 'Emmy en Gijs Bakker, sieraden. Van werfkelder tot "stedelijk"', *Dagblad Tubantia*, 1 May 1967.
60   Personal communication from Gijs Bakker to the author, 16 January 2013.
61   Personal communication from Renie van Wijk to the author, 17 May 2011.

journalists and other guests at the show. The audience included Benno Premsela*, the influential designer and consultant, Wim Crouwel, the graphic designer and typographer responsible for the Stedelijk Museum's graphic identity, fashion luminaries like Louki Boin, editor-in-chief of *Margriet* and later of *Avenue*, photographer Matthijs Schrofer*, who had designed the lighting, and his friend Louwrien Wijers*, a journalist at the newspapers *Het Parool* and later *Algemeen Handelsblad*. Also present were Matthijs's sister-in-law Erna van den Berg, who was then a freelance journalist and would become a fashion writer for *De Volkskrant* in 1969, her husband Jurriaan Schrofer, director Harry Ribbens of the Centre for Industrial Design, and artists such as Ad and Lien Dekkers. The young art historians Henk van Os and Antje von Graevenitz came to the show too.[62] It was a group of progressive young people, active in the worlds of art, design, fashion and journalism. They became Gijs and Emmy's first fans.

The Space Age Look

How did this spectacle relate to the culture of that historical moment?[63]

The space race, the launch of Sputnik in 1957 and the first man in space (Yuri Gagarin) in 1961 inspired a wave of futuristic design in the mid-1960s. The new magazine *Avenue*, the leading Dutch chronicle of trends in the late 1960s and afterwards, published a fashion shoot on Dutch fashions in Moscow in 1966, in which the space age figured promi-

42   nently. In Eindhoven, home city of the Philips company, the Evoluon was opened that same year: a building in the shape of a flying saucer, symbolizing technological progress. Wim Crouwel, who would soon develop his computer typeface, stands in front of a poster of this structure in a portrait photograph from 1969. He strikes a stylish pose, sheathed in a form-fitting

43   outfit by Alice Edeling. The shirt is made of synthetic material. This was believed to be the apparel of the future. Science fiction films and TV series such as *The Thunderbirds* were set in outer space in far-off future times. In *Barbarella*, Jane Fonda, 'interplanetary sex idol', is on a mission in the year 40,000.[64] The best-known film in the genre was *2001: A Space Odyssey*, directed by Stanley Kubrick. In short, the future was hot.

62   The author received confirmation that the people named here were in attendance, either from those people or from others. Henk van Os recalls being in the company of Albert Waalkens, the farmer from Finsterwolde who exhibited contemporary art in his stables. Personal communication from Henk van Os to the author, 18 October 2013.

63   On this subject, see also Pavitt 2012 (note 35), pp. 389-404.

64   André Koch et al., *Ludiek, sensueel en dynamisch. Nederlandse jeugdcultuur en vormgeving in de jaren zestig*, Schiedam 2002, p. 79.

De Britse onderzoeker Jane Pavitt heeft in haar studie van de mode ten tijde van de Koude Oorlog gewezen op het assertieve, vaak ook utopische karakter van de nieuwe jeugdmode en het belang van het sluike silhouet.[65] Degene die het eerst vorm gaf aan de *Space Age look* was de Franse mode-ontwerper André Courrèges. Zijn voorjaarscollectie van 1965 bestond uit geometrisch gesneden mini-jurken, gedragen met korte witte plastic laarsjes en witte plastic zonnebrillen.[66] Op foto's van de collectie buitelen de

47 mannequins als astronauten gewichtloos door de ruimte. Ook Pierre Cardin liet zich door de ruimtevaart inspireren en kwam in 1967 met de collectie *Cosmos*: een futuristische look voor man en vrouw met korte tunieken, bodystockings of jumpsuits, helm- en vizierachtige hoofdbedekkingen en lange laarzen. Cardin was ook de eerste die met een prêt-à-porter-collectie kwam. De jonge garde van modeontwerpers had hoge verwachtingen van nieuwe materialen als pvc, perspex en nylon. Paco Rabanne, van oorsprong beeldhouwer, experimenteerde met jurken van metalen en plastic plaatjes. Het ging deze ontwerpers om de nieuwe vrouw, 'the Eve of the Atomic Age'.[67] Een icoon van de *Space Age look* is het uniform met battledressjasje en *Space Bubble*-helm voor de stewardessen van de Amerikaanse lucht-

48 vaartmaatschappij Braniff Airlines, in 1965 ontworpen door Emilio Pucci.[68]

Terwijl in Parijs jonge ontwerpers de strijd met de haute couture aanbonden, groeide Londen uit tot het centrum van de 'Swinging Sixties', waarmee de minirok van Mary Quant onverbrekelijk is verbonden. Quant kwam met de minirok in dezelfde tijd als Courrèges. Vanaf het midden van de jaren vijftig verkocht zij in haar eigen boetiek betaalbare mode voor jongeren. Quants nieuwe look van eenvoudige, kleurige mini-jurkjes brak met het heersende modebeeld en ontketende een moderevolutie. De Engelse modellen Jean Shrimpton, vanwege haar lange benen en slanke gestalte *The Shrimp* ge-noemd, en de tengere en androgyne Twiggy werden hét gezicht van de jaren zestig. Het aristocratische fotomodel had afgedaan, het nieuwe vrouwbeeld in minirok of broekpak onderstreepte de grotere bewegingsvrijheid van de jonge vrouw. Twiggy's make-up met accentuering van de ogen, haar jongensachtige pagekapsel en onbevangen lichaamshouding zijn door miljoenen vrouwen nagevolgd. In de show vertolkte Renie van Wijk het type

65 Jane Pavitt, *Fear and Fashion in the Cold War*, Londen 2008, p. 42.
66 Idem, p. 54-55.
67 Uitspraak in de film *Qui êtes-vous, Polly Maggoo?* (1966) van William Klein.
68 Pavitt 2008, op. cit. (noot 65) p. 49, afb. p. 47.

van het 'jongensmeisje'. Renies haar was onder handen genomen door Emmy, zelf ook 'een knaapje' volgens Van Wijk.[69]

De seksuele revolutie die tegelijkertijd losbarstte, gaf vooral jonge vrouwen een ongekende vrijheid, die niet alleen tot uiting kwam op de catwalk en in de modebladen maar ook op straat. Emmy was een grote fan van Mary Quant. Zij liet zich uitdagend in een mini-jurk van Mary Quant portretteren, met sigaret, haar lange benen gestoken in een witte panty, ook een vinding van Mary Quant.[70]

8

Ook in de modeshow voltrok zich een breuk ten opzichte van het verleden. De oude presentatievorm waarbij modellen volgens vaste regels de collectie met nummers aan de pers en de chique cliëntèle van het modehuis toonden, maakte plaats voor een show waarbij de denkwereld of inspiratiebron van de couturier werd overgebracht.

Shows ontwikkelden zich tot spektakels met muziek en lichteffecten. Stylisten zochten naar ongewone locaties. Rabanne liet bijvoorbeeld zijn modellen in een chic hotel in Parijs blootsvoets op muziek van Pierre Boulez lopen. Courrèges liet in een witte salon zijn modellen dansen en het publiek op krukjes plaatsnemen.[71] In een andere show hadden de mannequins kaalgeschoren hoofden. Modeshows ontwikkelden zich tot happening-achtige events waarin verschillende disciplines in elkaar overliepen.

Deze omslag naar meer op entertainment gerichte shows werd door de in Parijs levende Amerikaanse fotograaf William Klein in 1966 vastgelegd in de film *Qui êtes-vous, Polly Maggoo?* Het is een parodie op de extravagantie van de mode, de sterallures van modeontwerper en topmodel, en op de groeiende invloed van de media.[72] Enkele journalisten wezen in hun bespreking van de Amsterdamse show op de overeenkomst tussen het futuristische werk van Gijs Bakker en Emmy van Leersum en de beginbeelden van deze film, waarin uitzinnige creaties van gevouwen metaal werden geshowd. De film was kort daarvoor in Amsterdam te zien geweest. Het kunstenaarsechtpaar had hun show echter onafhankelijk en op eigen kracht bedacht.[73]

44

69   Mededeling van Renie van Wijk aan de auteur, d.d. 17 mei 2011.
70   Mededeling van Tiny Leeuwenkamp-Bakker aan de auteur, d.d. 4 mei. 2011. Het jurkje is gekocht op een van de eerste reizen van Gijs en Emmy naar Londen.
71   Lydia Kamitsis, 'Een impressionistische geschiedenis van de modeshow sinds de jaren zestig', in: in: Jan Brand et al. (red.), *Mode en verbeelding. Over kleding en kunst*, Zwolle/Arnhem 2007, p. 93-95, p. 94.
72   Idem, p. 94-95; Pavitt 2012, op. cit. (noot 63), p. 394.
73   De film draaide eind maart 1967 in bioscoop Kriterion, zie o.a. Schreuder 1967, op. cit. (noot 7).

In her study of Cold War-era fashion, British scholar Jane Pavitt has noted the assertive and often utopian character of new fashions for young people, and the importance of close-fitting designs.[65] It was French couturier André Courrèges who first created the Space Age look. His spring 1965 collection consisted of geometrically cut mini-dresses accompanied by short white plastic boots and white plastic sunglasses.[66] In photos of the collection, the models drift weightlessly through

47 space like astronauts. Pierre Cardin was also inspired by space travel, and in 1967 he presented his *Cosmos* collection: a futuristic look for men and women, with short tunics, body stockings or jumpsuits, helmet and visor-like headwear, and long boots. Cardin was also the first to present a ready-to-wear collection. The young vanguard of fashion designers had high expectations of new materials such as PVC, acrylic glass and nylon. Paco Rabanne, originally a sculptor, experimented with dresses made of acrylic discs and metal links. These designers had a vision of the new woman, 'the Eve of the Atomic Age'.[67] One icon of the Space Age look is the uniform with a battle-dress jacket and Space Bubble helmet that Emilio Pucci designed for the stewardesses of the American

48 airline Braniff in 1965.[68]

As young designers in Paris rose up in rebellion against haute couture, London was becoming the centre of the Swinging Sixties, a concept forever associated with Mary Quant's miniskirt. Quant introduced the miniskirt around the same time that Courrèges did. From the mid-1950s onward, she sold affordable fashions for the young generation in her boutique. Quant's new look – simple, colourful mini-dresses – challenged the dominant fashion sense and set off a couture revolution. The English models Jean Shrimpton, called the Shrimp because of her long legs and slender figure, and the slim, androgynous Twiggy became the faces of the 1960s. The days of the aristocratic fashion model had passed; the new woman wore a miniskirt or pantsuit to emphasize her greater freedom of action. Twiggy's striking eye makeup, pageboy haircut and casual posture set an example that millions of women followed. In the Stedelijk show, Renie van Wijk represented this androgynous

65   Jane Pavitt, *Fear and Fashion in the Cold War*, London 2008, p. 42.
66   Ibid., pp. 54-55.
67   From a line in the film *Qui êtes-vous, Polly Maggoo?* (1966), made by William Klein.
68   Pavitt 2008, op. cit. (note 65) p. 49, ill. at p. 47.

archetype. Renie's hair was done by Emmy, who Van Wijk described as a 'gamine' in her own right.[69]

The sexual revolution that was bursting loose gave women, especially young women, unprecedented freedom, not only on the catwalk and in fashion magazines but also on the streets. Emmy was a big fan of Mary Quant and had her picture taken while posing provocatively in a Mary Quant mini-dress, smoking a cigarette and sporting white pantyhose, another Mary Quant invention.[70]

8

Fashion shows were also entering a new era. The old mode of presentation, in which models showed a numbered collection to the press and to the fashion house's chic clientele, made way for shows that exhibited the fashion designer's imagined world or sources of inspiration.

Fashion shows developed into spectacles, with music and elaborate lighting. Stylists went in search of unconventional locations. Rabanne, for example, had his models walk barefoot to the music of Pierre Boulez in a ritzy Paris hotel, while Courrèges presented dancing models in a white salon and seated his audience on stools.[71] In yet another show, the models had shaved heads. Fashion shows became 'happenings', where a variety of disciplines converged.

This shift towards the fashion show as entertainment was documented in 1966 by American photographer William Klein, a Paris resident, in the film *Qui êtes-vous, Polly Maggoo?*, which parodied the extravagance of the fashion world, the star quality of fashion designers and top models, and the growing influence of the media.[72] A few reviews of the Amsterdam show mentioned the similarities between Gijs Bakker and Emmy van Leersum's futuristic work and the opening shots of this film, which featured otherworldly folded metal creations. The film had run in Amsterdam not long before, but the two Dutch designers had come up with their show independently and on their own steam.[73]

44

69   Personal communication from Renie van Wijk to the author, 17 May 2011.
70   Personal communication from Tiny Leeuwenkamp-Bakker to the author, 4 May 2011. The dress was bought on one of Gijs and Emmy's first trips to London.
71   Lydia Kamitsis, 'Een impressionistische geschiedenis van de modeshow sinds de jaren zestig', in Jan Brand et al. (eds.), *Mode en verbeelding. Over kleding en kunst*, Zwolle/Arnhem 2007, pp. 93-95, at p. 94.
72   Ibid., pp. 94-95; Pavitt 2012, op. cit. (note 35), pp. 397-398.
73   The film was screened in late March 1967 in the Kriterion cinema; see e.g. Schreuder 1967, op. cit. (note 7).

45 Gijs en Emmy bezig met de inrichting van hun inzending naar 'Jablonec 68' /
Gijs and Emmy preparing their entry for 'Jablonec 68'
Plakboek 1965, '66, '67, '68, archief/archives Stedelijk Museum 's-Hertogenbosch

46 'Jablonec 68': de grote halskragen, geëxposeerd op uitgezaagde poppen
van spaanplaat / 'Jablonec 68': the large collars, displayed on dolls cut out
of particle board
Plakboek 1968, archief/archives Stedelijk Museum 's-Hertogenbosch

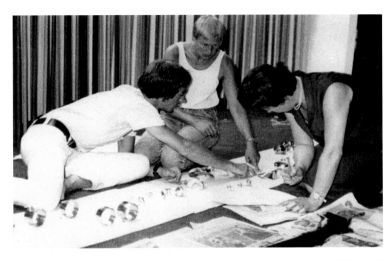

47 André Courrèges, voorjaarscollectie, *Elle,* 4 maart 1965 /
spring collection, *Elle,* 4 March 1965
foto/photo Peter Knapp

48 **Emilio Pucci, uniform met 'Space Bubble'-helm voor de stewardessen
van Braniff Airlines, 1965 / uniform with 'Space Bubble' helmet for the
stewardesses of Braniff Airlines, 1965**
Braniff Collection, History of Aviation Collection, Special Collections Department,
McDermott Library, The University of Texas at Dallas

49 Luchtgeventileerd veiligheidspak uit één stuk dat beschermt tegen stralingsgevaar, chemicaliën en giftige gassen / One-piece ventilated suit offering protection from radiation, chemicals and poisonous gases uit/from: cat. *Body Covering*, 1968, p. 11

50 Gijs Bakker en Emmy van Leersum, ontwerptekeningen, geëxposeerd op de tentoonstelling 'Body Covering' in New York, afgedrukt bij de recensie van Louwrien Wijers in het *Algemeen Handelsblad*, 10 mei 1968 / Gijs Bakker and Emmy van Leersum, design drawings, shown at the exhibition 'Body Covering' in New York; these illustrations accompanied the review by Louwrien Wijers in the *Algemeen Handelsblad*, 10 May 1968

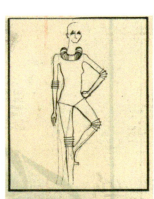

GIJS BAKKER heeft een serie pakken ontworpen van elastisch nylon materiaal, die op de buigplekken de vorm van een kachelpijp hebben.

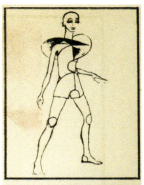

Dit ontwerp van EMMY VAN LEERSUM is opgebouwd uit vrijwel gelijkvormige flexibele nylon-elementen. De laarzen, met kniegaten, zijn in één keer gegoten, zodat de zolen niet apart tegen de schoen gezet worden.

51 Aankondiging tentoonstelling van multipels van Ad de Keijzer,
Werfkelder voor multipliceerbare objecten, Utrecht, 2 maart–4 april 1969 /
Notice of exhibition of multiples by Ad de Keijzer, Wharf Cellar for Multipliable
Objects, Utrecht, 2 March–4 April 1969
archief/archives Stedelijk Museum Amsterdam

52 Aankondiging tentoonstelling van cubische objecten van Graatsma en
Slothouber en draagbare objecten van Emmy van Leersum en Gijs Bakker,
Werfkelder voor multipliceerbare objecten, Utrecht, april 1969 / Notice of
exhibition of cubic objects by Graatsma and Slothouber and wearable objects
by Emmy van Leersum and Gijs Bakker, Wharf Cellar for Multipliable Objects,
Utrecht, April 1969
archief/archives Stedelijk Museum Amsterdam

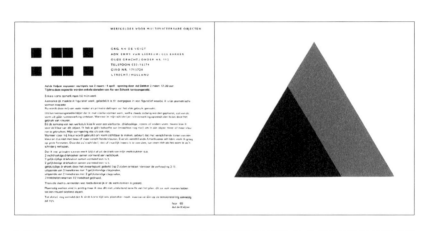

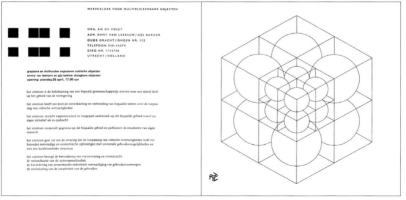

53 Emmy van Leersum, armbanden (v.l.n.r.) *Gevouwen driehoek*, *Gevouwen diagonaal* en *Gevouwen cirkel*, 1968, roestvrij staal (beperkte oplage) / bracelets (from left to right) *Folded Triangle*, *Folded Diagonal* and *Folded Circle*, 1968, stainless steel (limited edition)
coll. Stedelijk Museum Amsterdam

54 **Emmy van Leersum, armband met sluiting, 1968, goud 14 krt (oplage van vier) / bracelet with closure, 1968, 14-carat gold (edition of four)** coll. CODA, Apeldoorn (bruikleen Rijksdienst voor het Cultureel Erfgoed/on loan from the Cultural Heritage Agency of the Netherlands)

55 **Emmy van Leersum, geanodiseerde aluminium halskraag waaraan een polyester jurk met afneembare mouwen is vastgemaakt, 1968 / anodized aluminium collar with a polyester dress with removable sleeves attached to it, 1968**
uit/from: cat. *Objects to Wear*
foto/photo George van Herwaarde

56 Opstelling van de uit Londen teruggekeerde halskragen, gecombineerd met de kostuums van de show, in de werfkelder in Utrecht, januari–februari 1968 / Display of the collars that had been exhibited in London, combined with the outfits from the show, in the wharf cellar in Utrecht, January–February 1968
Plakboek 1968, archief/archives Stedelijk Museum 's-Hertogenbosch

57, 58 **Gijs Bakker, twee armbanden** *Cirkel in cirkel*, **1967, aluminium en perspex (oplagen) / two bracelets,** *Circle in Circle*, **1967, aluminium and acrylic glass (editions)**
coll. CODA, Apeldoorn (bruikleen Rijksdienst voor het Cultureel Erfgoed / on loan from the Cultural Heritage Agency of the Netherlands)
coll. Stedelijk Museum Amsterdam (bruikleen/on loan from the Stichting Françoise van den Bosch)

59 **Gijs Bakker,** *Möbiusarmband,* 1967, aluminium (oplage) /
Möbius Bracelet, 1967, aluminium (edition)
coll. Stedelijk Museum Amsterdam
foto/photo Rien Bazen

60 **Gijs Bakker,** *Armband met hoek van 90°,* 1969, aluminium (oplage) /
Bracelet with 90° Angle, 1969, aluminium (edition)
coll. Stedelijk Museum Amsterdam
foto/photo Rien Bazen

61 **Gijs Bakker,** *Chroomarmband tweemaal 90°*, 1969, verchroomd koper
(oplage) / *Chrome Bracelet (90° twice)*, 1969, chrome-plated copper (edition)
coll. Stedelijk Museum Amsterdam
foto/photo Rien Bazen

**62 Gijs Bakker, *Cirkel-armband*, 1969, geanodiseerd aluminium (oplage) /
Circle Bracelet, 1969, anodized aluminium (edition)**
coll. Gemeentemuseum Den Haag/The Hague (bruikleen Rijksdienst voor het
Cultureel Erfgoed /on loan from the Cultural Heritage Agency of the Netherlands)
foto/photo Rien Bazen

BELANGRIJKE OPDRACHT VOOR GIJS EN EMMY BAKKER

VRIJDAG 28 NOVEMBER 1969

Gastvrouwen in Osaka dragen sieraden uit Amersfoort

AMERSFOORT — „Dit is een prachtige opdracht. Ik zie er een erkenning in van onze interpretatie van de edelsmeedkunst." Aldus Amersfoorter Gijs Bakker die samen met zijn vrouw, Emma van [...], geveer dertig gastvrouwen in het Nederlandse paviljoen op de wereldtentoonstelling, volgend jaar maart in het Japanse Osaka, zullen dragen.

Total Design in Amsterdam, die zich met de bouw en de inrichting van het Nederlandse paviljoen in Osaka bemoeit, gaf de belangrijke opdracht aan de twee creatieve Amersfoorters. Hun sieraden moeten harmoniëren met de kleding die couturier Frans Molenaar voor de gastvrouwen, een gelijk aantal Japanse en Nederlandse meisjes, ontwerpt.

De sieraden die Gijs Bakker en Emmy van Leerum maken voor de gastvrouwen in het Nederlandse paviljoen: drie armbanden, gemaakt van respectievelijk een vierkante aluminium staaf, een aluminium buis met een kwartslag cirkel en een holle verchroomde staaf met een verspringing. Ze worden in Osaka gedragen bij de kleding van mode-ontwerper Frans Molenaar.

De hostess zullen in Osaka in hun garderobe een grijs met oranje jurk hebben, een broekpak in dezelfde kleuren en een blauw regenjasje. Tussen de kleding van de gastvrouwen en de inrichting van het paviljoen (aluminium- en chroomkeurig veel spiegels) is eenzelfde samenspel.

Een collectie sieraden van Gijs en Emmy Bakker zal deel uitmaken van de afdeling beeldende kunst die in het Nederlandse paviljoen wordt ingericht. Gijs Bakker: „Dit plan was er al voordat we de opdracht kregen om de sieraden te maken. Het is natuurlijk een goeie reclame voor ons als straks die meisjes ons werk dragen. Zo komen onze sieraden dichter bij het publiek. Ik zie liever dat ze gedragen worden, dan dat ze ergens in een glazen kast te kijk liggen."

Nieuwe vorm

Er moet even verteld worden wat voor soort sieraden het jonge Amersfoortse echtpaar in zijn atelier aan de Langegracht maakt. Hun produkten zijn totaal anders dan de armbanden, ringen, oorbellen die men gewoonlijk in de etalages van juwelierszaken ziet liggen. Gijs en Emmy Bakker geven een geheel eigen vorm aan het sieraad. Ze werken meer met materialen als aluminium en verchroomd koper dan met goud. Gijs Bakker: „Wat wij maken kan je moeilijk mooi noemen. Je ziet het, je vindt 't fijn of je vindt er niks aan." Wie met eigen ogen wil zien wat voor werk de twee mensen maken, moet in een vrij uurtje eens naar de tentoonstellingsruimte Het Kapelhuis in de Krankeledenstraat gaan, waar tot eind van het jaar een tentoonstelling gewijd is aan hedendaagse edelsmeedkunst. Daar ligt onder meer werk van Gijs en Emmy Bakker.

Gijs Bakker is bescheiden. In het feit, dat hem en zijn vrouw gevraagd is de sieraden voor de gastvrouwen te maken, ziet hij geen aanleiding om beiden de besten in deze vorm van edelsmeedkunst te noemen. „Wij liepen wel vooraan op dit gebied. Dat zal mede de reden zijn waarom wij de opdracht gekregen hebben."

Meer nog dan in deze opdracht ziet Gijs Bakker een erkenning van hun werk in het feit dat het ministerie van c.r.m. hem en zijn vrouw een stipendium hebben verleend. „Dit stipendium viel in de categorie beeldende kunsten en architectuur. Dit bewijst dat ook de overheid er zich van bewust is dat we met ons werk iets anders bedoelen dan het maken van die mooie draagbare accessoires, die je in elke winkel ziet; dat voor ons de commercie niet belangrijker is dan het experiment."

Drie stuks

Voor elke gastvrouw in het Nederlandse paviljoen moeten Gijs en Emmy Bakker drie sieraden maken, voor bij de jurk, het broekpak en het regenjasje. Uit zijn atelier haalt Gijs Bakker de drie voorbeelden: een smalle armband, gemaakt van een vierkante aluminium staaf; een brede armband, een aluminium buis waarin een kwartslag cirkel is gemaakt, en tenslotte een armband van een verchroomd holle buis, waarin een verspringing gemaakt is.

art & project

adriaan van ravesteijn
geert van beijeren bergen en henegouwen

bulletin 25

amsterdam 9
richard wagnerstraat 8
(020) 720425

drukwerk/
printed matter

aan/to

on saturday january 31, 1970, 5-7 p.m.
were present at art & project:

coosje kapteyn, leo geurts, riekje swart,
jenny de smet, ronald snijders, wies leering, aldo van den nieuwelaar, toon ter mors,
wies smals, adriaan van ravesteijn, lien dekkers, nicolaas van beek, bianka dibbets,
peter struycken, louise van santen, yves de smet and toos van beek

who showed clothing suggestions by

emmy van leersum
and
gijs bakker

amsterdam, 31.1.1970

betreft manifestatie kledingsuggesties emmy van leersum en gijs bakker ')
31.1.1970 van 17-19 uur bij art & project/amsterdam, richard wagnerstraat 8

emmy+gijs/sieraden:

de uiteindelijke vorm ontstaat door een minimale
ingreep in de basisvorm van het materiaal: roestvrij
stalen buis, aluminium staaf of plaat.
bij deze ingrepen wordt uitgegaan van de mogelijkheden die de eenvoudige, machinale handelingen bieden.

emmy+gijs/kledingsuggesties:

de uiteindelijke vorm ontstaat door een minimale
ingreep in de basisvorm van de kleding: naadloze,
van zeer elastisch textiel rondgebreide arm-, been-
en lichaamskokers, die onder een rechte hoek aan
elkaar worden gestikt: geen figuurnaden, dus een
sterk vereenvoudigde fabricagemethode. zie fig.1/2.

fig.1: pak   fig.2: jurk

ingreep emmy:
plaatselijk de stof uitrekken en deze in uitgerekte
toestand verharden. (technische details worden
verder uitgewerkt; model déposé aangevraagd).
hierdoor ontstaat een grotere bewegingsvrijheid
en de mogelijkheid tot lichaamscorrectie en/of het
al dan niet accentueren van bepaalde lichaams-
gedeelten.

ingreep gijs:
op scharnierende plaatsen van het lichaam (knie,
elleboog, schouder) met behulp van ingebrachte
(nylon) ringen en op andere plaatsen met behulp van
rechthoekige frames de stof uitrekken.
hierdoor ontstaat een grotere bewegingsvrijheid
en de mogelijkheid tot lichaamscorrectie en/of het
al dan niet accentueren van bepaalde lichaams-
gedeelten.

uitvoering basisvorm van de kleding: tiny leeuwenkamp-bakker.
ontwerp en uitvoering schoenen: charles bergmans.

') emmy van leersum (geb. 1930) en gijs bakker (geb. 1942)
   - atelieradres: amersfoort/lange gracht 23 tel. 13790 -
   manifesteerden zich met hun sieraden o.m. op de volgende plaatsen:
   stedelijk museum/amsterdam, galerie swart/amsterdam, foire de lausanne/
   lausanne, handwerkmesse/münchen, ewan phillips gallery/londen, museum für
   glas und bijouterie/jablonec (gablonz), museum of contemporary crafts/
   new york, plus-kern/gent, stedelijk van abbe-museum/eindhoven, wereld-
   tentoonstelling/osaka, art & project/amsterdam.

66 Galeriehoudster Riekje Swart in het kostuum met de gesloten doosvorm
ter hoogte van de boezem, met Gijs Bakker / Gallerist Riekje Swart in the suit
with the closed box at chest level, with Gijs Bakker
foto/photo Sjaak Ramakers

67 Aldo van den Nieuwelaar in kostuum met nylonboog ter hoogte van het kruis, met rechts van hem Lien Dekkers en Gijs Bakker / Aldo van den Nieuwelaar in a suit with a curved nylon element at crotch level, with Lien Dekkers and Gijs Bakker to his right
foto/photo Sjaak Ramakers

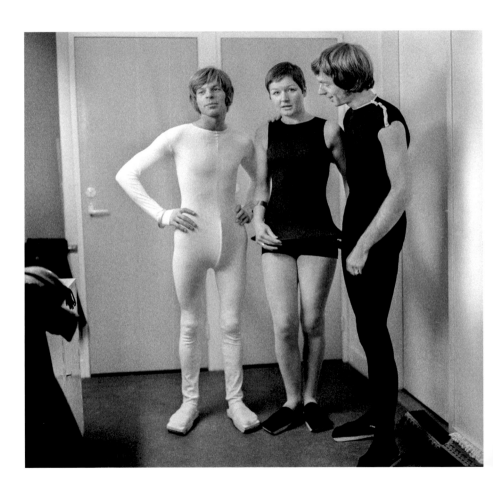

68 **Wies Leering-van Moorsel in korte jurk met ter hoogte van de boezem een toegevoegde horizontale, opengezaagde perspex buis / Wies Leering-van Moorsel in a short dress with a horizontal, cut-open acrylic glass tube at chest level**
foto/photo Sjaak Ramakers

69 Jenny De Smet van Galerie Plus-Kern in Gent in het kostuum met het open kastje ter hoogte van de boezem, met rechts van haar Emmy van Leersum. / Jenny De Smet of Galerie Plus-Kern in Ghent in the suit with the open 'display case' at chest level, with Emmy van Leersum to her right.
foto/photo Sjaak Ramakers

70 Groepsfoto van de vrienden en relaties in de 'kledingsuggesties', vooraan
gehurkt: Emmy van Leersum, Gijs Bakker en Peter Struycken. Achteraan
in het zwart: galeriehouder Adriaan van Ravesteijn van Art & Project. /
Group photograph of friends and professional associates wearing their
'clothing suggestions'; front row, kneeling: Emmy van Leersum, Gijs Bakker,
and Peter Struycken. Back row in black suit: gallerist Adriaan van Ravesteijn
of Art & Project.
foto/photo Sjaak Ramakers

71 **Overzicht van schetsen van kostuums en namen van vrienden, opgesteld voor de opening van de tentoonstelling 'Kledingsuggesties' op 31 janauri 1970 in galerie Art & Project, Amsterdam / Overview with sketches of what friends would be wearing for the opening of the 'Clothing Suggestions' exhibition 31 January 1970, at the Art & Project Gallery, Amsterdam**
coll. Tiny Leeuwenkamp-Bakker, Amersfoort

			kleur	Stretch
Paggzeelof		wackelgrip X?	WIT	DUN
Jenny de Smet		N A ?	WIT	DIK
Riekje Swart		NAADA Rol l 29	ZWART	DUN
Toos v. Beek			WIT ~~ZWART~~	~~Dik~~ ~~DUN~~
Lien Dekker		NAAD achteren	wit	DIK
EMMY			WIT	DUN
Maria Boeren		N.A.	WIT	DIK
Wies Leering		NA Rol 37	WIT	DIK
Liesbeth Grommeli		X	~~WIT~~ ZWART	DIK
Wiesje Smals		~~klaar~~	WIT	DUN
Noosje Copter		klaar	WIT	DUN
Bianca		klaar	WIT	~~DUN~~
Louise v. Santen		klaar	ZWART	DUN

111

Spin-off

Dag- en weekbladen schonken de hele zomer lang tot ver na de sluiting van de bijbehorende expositie aandacht aan het werk van Gijs en Emmy. In talloze interviews kreeg het veelbelovende koppel de ruimte zijn ideeën uiteen te zetten en te demonstreren hoe de ideale vrouw er uit moest zien: geen sokkel voor sieraden maar deel van een juweel, vatte een verslaggeefster samen.[74]

Het netwerk van het echtpaar verbreedde zich met belangrijke contacten in de mode- en kunstwereld. Zo werd van de geëxposeerde werken van Emmy een zilveren halssieraad met bijpassende oorbellen uit 1963 aangekocht voor de rubriek 'Galerie Avenue' in het gelijknamige tijdschrift.[75] Edy de Wilde, de directeur van het Stedelijk Museum, en Herman Swart van de Nederlandse Kunststichting stuurden op verzoek van het duo introductiebrieven naar belangrijke galeries in Parijs, Londen en New York.[76]

Lukte het niet om in Parijs voet aan de grond te krijgen, in het hippe Londen waren ze meteen welkom. In oktober werden de stukken die in Amsterdam te zien waren geweest in Ewan Phillips Gallery geëxposeerd. De organisatie was in handen van Ralph Turner*. Later beschreef Turner hoe hij bij het zien van de portefeuille met foto's van het nieuwe werk met stomheid geslagen was geweest, overtuigd met iets volslagen nieuws van doen te hebben.[77] Het was zijn idee om de tentoonstelling 'Sculpture to Wear' te noemen. Het uitnodigingskaartje bevatte een korte 'Artist's Explanatory Note', waarin Gijs en Emmy de beperkingen van de traditionele edelsmeedkunst aan de kaak stelden en hun streven naar een absolute vorm zonder enig versierend element benoemden.

Aan de collectie voor Londen waren twee nieuwe aluminium halskragen toegevoegd die Gijs Bakker in de zomermaanden had vervaardigd.[78] Ze zijn rond en liggen mooi om de hals, de één schuin opstaand, de ander liggend. Ze zijn te zien op de foto's die van de kragen zijn gemaakt toen het werk na afloop van de expositie terug in Utrecht was en in de werfkelder

40

---

74   'Juwelen van aluminium', op. cit. (noot 1).

75   Zie brief van J. Rona van ABC Press Service aan Emmy van Leersum d.d. 9 juni 1967, *Plakboek 1965, '66, '67, '68*, archief Stedelijk Museum 's-Hertogenbosch.

76   Correspondentie tussen Emmy van Leersum en Gijs Bakker en E. de Wilde, directeur, d.d. 7 en 14 juni 1967, archief Stedelijk Museum Amsterdam.

77   Ralph Turner in *Emmy van Leersum*, tent.cat. Amsterdam (Stedelijk Museum) 1979–1980; Graz (Galerie Albertstrasse); Den Haag (Galerie Nouvelles Images) 1980, [p. 4, 6].

78   De lijst objecten achter op de uitnodigingskaart van de galerie vermeldt zes aluminium halskragen, twee meer dan in het Stedelijk waren geëxposeerd. Het gaat om cat.nrs. 51 en 52 in Van Zijl 2005, op. cit. (noot 6), p. 245.

werd opgesteld. Om de eenheid van kleding en sieraad te benadrukken, had Matthijs Schrofer voor enkele vergrotingen van zijn fotoserie met Sonja Bakker gezorgd. Ook de foto voor het zilverkleurige affiche en het
75 uitnodigingskaartje voor 'Sculpture to Wear' waren van zijn hand.

Op de opening werd opnieuw de muziek van Dissevelt afgespeeld en ten behoeve van persfotografen werden enkele enorme kragen op
76 Engelse modellen geshowd.

Het jaar van de doorbraak werd afgesloten met een groepstentoonstelling en een opdracht aan Emmy om een grote metalen kraag te maken voor
41 actrice Adèle Bloemendaal, die ermee in een speelfilm zou optreden.[79] Het streven om een sieraad te laten aansluiten bij de verschijning en per-soonlijkheid van de draagster kon ze nu in praktijk brengen. Als klap op de vuurpijl liet de Rijksadviescommissie van het ministerie van CRM weten een jurk met aluminium halskraag voor aankoop aan de minister te hebben voorgedragen.[80]

Het vervolg

Het onderzoek naar het samengaan van kleding, sieraden en lichaam in een esthetische eenheid kreeg in het jaar volgend op de doorbraak een boost door deelname aan twee buitenlandse tentoonstellingen. In Jablonec nad Nisou in Tsjecho-Slowakije namen Bakker en Van Leersum deel aan 'Jablonec 68', de tweede editie van de 'International Costume Jewellery Exhibition'. Ze brachten hun werk er zelf naartoe en combineerden de reis met een bezoek aan de Documenta in Kassel.[81] De grote kragen werden tentoongesteld op houten silhouetten van poppen met witgeschilderde outfits, die in een rondlopende ruimte achter glas stonden opgesteld. Een deel van de wand werd in beslag genomen door een paneel met armbanden
45, 46 van aluminium en roestvrij staal. Het echtpaar ontving een gouden medaille voor hun armbanden en een zilveren voor de collectie grote halskragen.[82]

79   'Sieraad nooit voor vrouw gemaakt', op. cit. (noot 51).
80   Brief van de secretaris van de Rijksadviescommissie gebonden Kunsten, E.W.L. Rutten-Broekman aan mevrouw E. Bakker-van Leersum d.d. 22 december 1967, *Plakboek 1965, '66, '67, '68*, archief Stedelijk Museum 's-Hertogenbosch. Het vermelde aankoopbedrag bedraagt 1.000 gulden.
81   Zie de pagina's m.b.t. het jaar 1968 in *Plakboek 1965, '66, '67, '68* en *Plakboek 1968*, archief Stedelijk Museum 's-Hertogenbosch.
82   Brief met juryuitslag van D. Kolaríková aan Mr. and Mrs. G. Bakker, d.d. 26 juli 1968, *Plakboek 1968*, archief Stedelijk Museum 's-Hertogenbosch.

Spin-Offs

Newspapers and magazines reported on Gijs and Emmy's work through-
out the summer, even long after the exhibition had closed. In countless
interviews, the promising young couple were given the opportunity to
expound on their ideas and demonstrate their ideal woman: no decorated dresser's dummy, but one with her ornaments, in the words of
one journalist.[74]

The couple's network soon expanded as they made influential contacts in the fashion and art world. For example, a silver neck ornament
designed by Emmy in 1963, one of the pieces included in the Stedelijk
exhibition, was purchased for the 'Galerie Avenue' section of the magazine of the same name.[75] At the duo's request, Edy de Wilde, the director
of the Stedelijk Museum, and Herman Swart of the Netherlands Art
Foundation sent letters of introduction to major galleries in Paris, London
and New York.[76]

While Paris proved unreceptive, hip London quickly opened its
doors. In October, the pieces from the Amsterdam exhibition were displayed in the Ewan Phillips Gallery. The show was organized by Ralph
Turner,* who later said the portfolio with photographs of their latest
work had left him dumbstruck, utterly convinced that this was something
completely new.[77] It was his idea to call the exhibition 'Sculpture to
Wear'. The invitation contained a brief 'Artists' Explanatory Note' in
which Gijs and Emmy decried the limitations of traditional jewellery-
making and described their search for an absolute form without any
decorative element.

Two new aluminium collars were added to the London collection;
40 Gijs Bakker had made them during the summer months.[78] They are
circular and ring the neck gracefully; one is horizontal and the other
tilted upward in the back. These collars are shown in photographs of
this collection taken after the London show, while it was on display in

74   'Juwelen van aluminium', op. cit. (note 1).

75   See the letter from J. Rona of the ABC Press Service to Emmy van Leersum, 9
June 1967, *Plakboek 1965, '66, '67, '68*, Stedelijk Museum 's-Hertogenbosch archives.

76   Correspondence between Emmy van Leersum and Gijs Bakker and E. de Wilde,
director, 7 and 14 June 1967, Stedelijk Museum Amsterdam archives.

77   Ralph Turner in *Emmy van Leersum*, exhib. cat. Amsterdam (Stedelijk Museum)
1979-1980; Graz (Galerie Albertstrasse); The Hague (Galerie Nouvelles Images) 1980
[pp. 4, 6].

78   The list of objects on the back of the invitation from the gallery includes six aluminium collars, two more than had been exhibited in the Stedelijk. These are cat. nos. 51
and 52 in Van Zijl 2005, op. cit. (note 6), p. 245.

56 the wharf cellar in Utrecht. To emphasize the unity of clothing and jewellery, Matthijs Schrofer had enlarged a few photos from his series with
Sonja Bakker. He also took the photograph used in the silver poster and
75 the invitation to 'Sculpture to Wear'. Dissevelt's music was used again at
this opening, and a few enormous collars were shown on English models
76 for the assembled press photographers.

The couple's breakthrough year concluded with a group exhibition and
an invitation to Emmy to make a large metal collar for the actress Adèle
41 Bloemendaal, for use in a feature film.[79] This was a chance for her to put
her ideals into practice and design a piece that suited the appearance
and personality of its wearer. To make their triumph complete, the Dutch
culture ministry's advisory committee announced that it had recom-
mended the purchase of a dress with an aluminium collar for the state
collection.[80]

The Sequel

Their investigation of integrating clothes, jewellery and the body into an
aesthetic whole gained new momentum in the year that followed their
breakthrough, when they were invited to take part in two exhibitions out-
side the Netherlands. In Jablonec nad Nisou, Czechoslovakia, Bakker
and Van Leersum participated in 'Jablonec 68', the second edition of the
International Costume Jewellery Exhibition. They brought their work
there themselves, combining the trip with a visit to Documenta in
Kassel.[81] The large collars were shown on wooden silhouettes of mannequins in white-painted outfits, in a curved display area behind glass.
Part of the wall was taken up by a panel of aluminium and stainless steel
45, 46 bracelets. The couple received a gold medal for their bracelets and a
silver one for the collection of large collars.[82]

79   'Sieraad nooit voor vrouw gemaakt', op. cit. (note 51).
80   Letter from the secretary of the Rijksadviescommissie gebonden Kunsten
(National Advisory Committee for Applied Arts), E.W.L. Rutten-Broekman, to E. Bakker-
van Leersum, 22 December 1967, Plakboek 1965, '66, '67, '68, Stedelijk Museum 's-Hertogenbosch archives. The reported sale price was 1,000 guilders.
81   See the pages relating to the year 1968 in Plakboek 1965, '66, '67, '68 and Plakboek
1968, Stedelijk Museum 's-Hertogenbosch archives.
82   Letter reporting the judges' decision from D. Kolaríková to Mr. and Mrs. G. Bakker,
26 July 1968, Plakboek 1968, Stedelijk Museum 's-Hertogenbosch archives.

Een van de ontwerpen in Jablonec bestond uit een uitwerking van het concept om sieraad en kleding te integreren in één enkel kledingstuk. Een tekening van dit ontwerp was ook te zien op de tentoonstelling 'Body Covering' in New York, die tot doel had het publiek te laten kennismaken met de ongekende mogelijkheden die nieuwe materialen voor eigentijdse (werk)kleding boden. Onbrandbare ruimtevaartpakken, fluorescerende wegenbouwpakken, kunststof baseballhelmen werden zij aan zij met futuristische ontwerpen van pioniers als Paco Rabanne, Pierre Cardin en Ruben

49   Torres getoond.[83] Dankzij de aanwezigheid van Louwrien Wijers, die de ontwikkeling van Gijs en Emmy op de voet volgde, kan deze volgende stap in hun ontwikkeling worden gereconstrueerd.[84]

Gijs Bakkers inzending bestond uit een serie ontwerptekeningen waarin hij, geïnspireerd door de kachelpijp, experimenteerde met aan elkaar gezette buisvormige nylon elementen (als een nylon kous) die op de plek van knie en elleboog de gebogen kachelpijpvorm hebben. Het schoudergewricht deed in deze ontwerpen nog niet mee. Ook Emmy had zich laten inspireren door de nieuwe elastische, synthetische stoffen. Haar ontwerp, een catsuit, is geconstrueerd uit nylon elementen die bij hoge

50   temperatuur aan elkaar gekit moesten worden. De grote halskraag borduurt voort op de slingerkraag uit 1967, maar is nu in stof gedacht. De vorm sluit aan bij de rondlopende onderdelen van het pak. Het ontwerp van de lieslaarzen gaat eveneens van nieuwe productiemethoden uit: ze zijn voorzien van 'kniegaten' en moesten in één keer worden gegoten, zodat de zolen niet apart tegen de schoen worden gezet. Ook van Maarten van Dreven en Alice Edeling, de twee andere Nederlandse ontwerpers die voor deze tentoonstelling werden uitgenodigd, waren nieuwe toepassingen in pvc en experimenten met sluitingen en verwisselbare onderdelen te zien.[85] Wat de vier Nederlanders verbond met andere exposanten – 'Body Covering' was veel meer dan een modetentoonstelling – was de verontwaardiging over het gebrek aan durf van stoffabrikanten en het conservatisme in de modewereld. In de Nederlandse pers verschenen in de loop van 1968 verschillende artikelen waarin het werk van Gijs en Emmy in één adem met dat van andere

83   *Body Covering*, tent.cat. New York (Museum of Contemporary Crafts of the American Craftsmen's Council) 1968.

84   Louwrien Wijers, 'De mode schrééuwt om nieuwe materialen', *Algemeen Handelsblad*, 10 mei 1968.

85   Zie 'Juwelen van aluminium', op. cit. (noot 1) en Wijers 1967, op. cit. (noot 2).

opkomende modeontwerpers werd genoemd. Ook de naam van de jonge schoenontwerper Jan Jansen werd daarbij vermeld.[86]

De reis naar New York was te duur voor het koppel en ze zijn er dus niet naartoe gegaan. Via de catalogus maakten zij kennis met het werk van Rudi Gernreich uit Californië. Zijn ontwerpopvatting dat het lichaam onder de kleding te zien moest zijn en dat kleding vrijheid moest bezitten, maakte indruk. Gernreich was het ook die de seksuele revolutie doortrok naar top-less- en unisexmode, hetgeen een grote impact op Bakker en Van Leersum heeft gehad.[87]

Pas einde 1969 werkten Gijs en Emmy verder aan voorstellen voor eigentijdse kleding, waarbij moderne stoffen en nieuwe technologie het uitgangspunt vormden en Gernreichs opvattingen verwerkt waren. In de tussentijd onderging hun sieradenwerk een vergaande vereenvoudiging en kristalliseerde hun ontwerpopvatting zich uit.

Draagbare objecten

Het werk uit 1968 en 1969 is niet los te zien van de intensieve omgang van Gijs en Emmy met geestverwanten van het Nederlandse constructivisme. Het is geen toeval dat Ad Dekkers tot de eerste exposanten behoorde van de Werfkelder voor multipliceerbare objecten, onder welke naam de werf-kelder vanaf begin 1969 verderging. De tweede expositie liet zeefdrukken zien van Ad de Keijzer, eveneens een kunstenaar uit de stal van Riekje Swart en net als Dekkers een representant van streng systematisch vormonder-

51   zoek. Daar in de werfkelder het werk van Gijs en Emmy continu op voorraad was, werd op eenvoudige wijze gedemonstreerd dat sieraden, reliëfs, zeef-drukken, ja alles wat onder de noemer 'multipel' kon worden uitgebracht bij elkaar hoorde. Bakker en Van Leersum spraken in die tijd ook niet meer van sieraden, maar gebruikten de term 'objecten'.[88] Het woord object had voor de tijdgenoot een neutrale, objectieve klank en paste bij het afzien van een persoonlijke toets ten gunste van een meer onderzoekende houding. Dezelfde mentaliteit kenmerkte het werk van de architecten William Pars Graatsma en Gerrit Jan Slothouber van het Centrum voor Cubische Con-

52   structies (CCC). Ook hun 'objecten' vonden hun weg naar de werfkelder.

86   Een drijvende kracht daarachter was Louwrien Wijers. Van haar hand verschenen: 'Tien modemensen op de barrikade voor betere kleding', bijlage *International Fashion News*, niet-geïdentificeerd krantenknipsel, 1968, p. 4-5, archief Louwrien Wijers, en de kleurenbij-lage 'Nieuwe Nederlandse mode', *Algemeen Handelsblad*, 17 september 1968. Beide artikelen met foto's van Matthijs Schrofer.

87   Mededeling van Gijs Bakker aan de auteur, d.d. oktober 2003.

88   Ralph Turner had de expositie van de halskragen in Ewan Phillips Gallery 'Sculpture to Wear' genoemd. Gijs en Emmy waren daar niet helemaal tevreden mee. Zie Von Graevenitz, op. cit. (noot 17).

One of the designs in Jablonec was a more fully conceived version of the concept of integrating jewellery and clothing into one piece. A drawing of this design was included in the exhibition 'Body Covering' in New York, which aimed to introduce the public to the untapped potential of new materials in contemporary clothing and workplace apparel. Fireproof spacesuits, fluorescent uniforms for road workers and synthetic baseball helmets were displayed side by side with futuristic designs by pioneers such as Paco Rabanne, Pierre Cardin and Ruben Torres.[83] Louwrien Wijers, who was closely following Gijs and Emmy's career, visited the New York exhibition, and it is thanks to her that this next step in their development can be reconstructed.[84]

49

Gijs Bakker's contribution was a series of design drawings inspired by the stovepipe, in which he experimented with joining together tubular nylon elements (similar to nylon stockings) that had concertina-like stovepipe forms at the knees and elbows. The shoulders were not yet involved at this stage. Emmy had also drawn inspiration from new, elastic synthetic materials. Her design, a catsuit, is made out of nylon elements joined by adhesion at a high temperature. The large collar is based on the twisted collar from 1967, but made of fabric this time. Its shape echoes the swirling sections of the suit. The design of the hip boots was also based on new manufacturing techniques; they have 'knee holes' and were cast in one piece so that the sole would not be separate from the rest of the boot. Maarten van Dreven and Alice Edeling, the other two Dutch designers invited to contribute to the exhibition, also presented new uses of PVC and experiments with clasps, closures and interchangeable parts.[85] The common thread between the Dutch and the other artists – 'Body Covering' was much more than a fashion show – was a sense of outrage at textile manufacturers' timidity and the conservatism of the fashion world. In the Dutch press, several articles appeared in 1968 that mentioned Gijs and Emmy's work in the same breath as that of other up-and-coming

50

83   *Body Covering*, exhib. cat. New York (Museum of Contemporary Crafts of the American Craftsmen's Council) 1968.
84   Louwrien Wijers, 'De mode schrééuwt om nieuwe materialen', *Algemeen Handelsblad*, 10 May 1968.
85   See 'Juwelen van aluminium', op. cit. (note 1), and Wijers 1967, op. cit. (note 2).

fashion designers, such as the young shoe designer Jan Jansen.[86]

The high cost of travelling to New York prevented Gijs and Emmy from visiting the exhibition there, but the catalogue introduced them to the work of California designer Rudi Gernreich. They were impressed by his design principles that the body should be visible under its clothes and that clothing should have a quality of freedom. Gernreich had also extended the sexual revolution into topless and unisex fashions, another accomplishment that made a deep impact on Bakker and Van Leersum.[87]

Gijs and Emmy would not return to designing contemporary fashion until late 1969, when their new ideas would involve modern materials and cutting-edge technologies and show the influence of Gernreich's views. Meanwhile, their jewellery underwent a process of extreme simplification, and their philosophy of design took clearer shape.

Objects to Wear

Gijs and Emmy's work from 1968 and 1969 must be viewed in the context of their close contact with kindred spirits in the Dutch constructivist art movement. It is no coincidence that Ad Dekkers was one of the first artists to exhibit at the Wharf Cellar for Multipliable Objects, as the wharf cellar became known in early 1969. The second exhibition was of screen prints by Ad de Keijzer, another artist from the stable of Riekje Swart. Like Dekkers, De Keijzer advocated the rigorous, systematic investigation of form. There in the wharf cellar where Gijs and Emmy's work was permanently stocked, these artists offered a very simple demonstration that jewellery, reliefs, screen prints and everything 'multipliable' belonged together. By this stage, Bakker and Van Leersum no longer used terms such as 'jewellery' or 'ornaments', but referred to 'objects'.[88] The word 'object' had a neutral, objective sound to their contemporaries and reflected their rejection of an expressive, personal style in favour of a more investigative attitude. This same mentality informed the work of architects William Pars Graatsma and Gerrit Jan Slothouber of the Centre for Cubic Constructions, whose 'objects' also found their way to the wharf cellar.

86   Louwrien Wijers was behind much of this press coverage. She wrote 'Tien mode-mensen op de barrikade voor betere kleding', *International Fashion News* supplement, undated newspaper clipping, 1968, pp. 4-5, Louwrien Wijers archives, and the colour supplement 'Nieuwe Nederlandse mode', *Algemeen Handelsblad*, 17 September 1968. Both articles include photographs by Matthijs Schrofer.
87   Personal communication from Gijs Bakker to the author, October 2003.
88   Ralph Turner had entitled the exhibition of the collars in the Ewan Phillips Gallery 'Sculpture to Wear'. Gijs and Emmy were not entirely satisfied with this choice. See Von Graevenitz, op. cit. (note 17).

Op de tentoonstelling 'Draagbare objecten/Objects to Wear' was het effect van deze vruchtbare uitwisseling te zien. Getoond werd het werk van vijf Nederlandse sieraadmakers dat door een jury was geselecteerd ten behoeve van een rondreis door de Verenigde Staten.[89] De organisatie van de tentoonstelling was in handen van het Van Abbemuseum in Eindhoven, waar de tentoonstelling ook opende. Directeur Jean Leering zat zelf in de jury, met – veelzeggend voor de selectie van de kunstenaars – Ad Dekkers, André Volten, Wil Bertheux van het Stedelijk Museum en Benno Premsela.

Emmy liet een reeks stalen armbanden zien waarin kleine ingrepen als een vouw of afplatting in het basismateriaal, een buis, tot een geo-
53 metrische vormentaal leidden.[90] Ook het probleem van de sluiting – Emmy hield niet van sluitingen – loste zij op een dergelijke wijze op door twee omgevouwen einden van een gouden band in elkaar te laten grijpen. Daarvoor moest ze een lager gehalte gebruiken, 14 karaat. De sluiting
54 bepaalde de vorm van de armband. De simpele geometrische vormgeving van deze armbanden kenmerkte ook de jurk met halsband, waarvan de snit
55 doorloopt in de gevouwen aluminium halsband.[91] In het statement dat in de catalogus was opgenomen, benadrukte Van Leersum de toegenomen neutraliteit van haar werk. Die neutraliteit maakte dat haar sieraden – en die van Gijs – ook wat meer door mannen gedragen werden. Dat Benno Premsela, de grote voorvechter van de homo-emancipatie, hun werk demonstratief droeg en promootte, zal daaraan hebben bijgedragen.

In Gijs' nieuwe werk was eveneens sprake van vereenvoudiging en van het zoeken naar geometrische grondvormen. Voortbordurend op de schijf-
40 vormige kraag uit 1967 maakte hij op basis van hetzelfde principe arm-banden in aluminium, perspex en pvc, en een miniatuurversie, de pinkring
57, 58 (in zilver). Alle toepasselijk *Cirkel in cirkel* geheten.[92] Ook de zogenoemde *Möbiusarmband*, de *Armband met hoek van 90°* en *Chroomarmband twee-maal 90°* getuigden van zijn belangstelling voor meetkundige figuren.
59, 60, 61 Een bijzonder geslaagd ontwerp was de brede, kleurig geanodiseerde

89   *Objects to Wear by Five Dutch Jewelry Designers*, op. cit. (noot 24).
90   Zie de lijst met objecten van de deelnemende kunstenaars, getiteld 'Tentoonstelling draagbare objecten' in het tentoonstellingsarchief van het Van Abbemuseum in Eindhoven en de catalogus *Objects to Wear by Five Dutch Jewelry Designers*, op. cit. (noot 24).
91   Joris 1993, op. cit. (noot 5), p. 86. Uitvoeringen van de halskraag in helder aluminium (met een witte jurk) en zwart, blauw en goudkleurig geanodiseerd. Bij de jurk bestond een losse bolero met lange mouwen die onder de jurk kon worden gedragen. Zie de foto in *Objects to Wear by Five Dutch Jewelry Designers*, op. cit. (noot 24), z.p.
92   Van Zijl 2005, op. cit. (noot 6), p. 246, cat.nrs. 68-71, heruitgaven cat.nrs. 72 en 73. De eerste halskraag met dezelfde vorm: p. 245, cat.nr. 51.

armband met een draaiing, waarvan een blauw en een groen exemplaar in
de expositie waren opgenomen.[93]

Zowel van Emmy als van Gijs reisden eerdere creaties mee naar de
Verenigde Staten: van Emmy de grote slingerkraag in aluminium, van Gijs
het *Kachelpijpcollier*, een van de grote kappen en de schijfvormige kraag
die aan de basis van de serie *Cirkel in cirkel* lag.[94] Het toont het belang aan
dat de kunstenaars aan deze 'oerstukken' hechtten.

Net als in 1967 zorgden tentoonstelling en publiciteit voor de nodige
spin-off. In het najaar van 1969 ontvingen Gijs en Emmy de eervolle
opdracht om armbanden te ontwerpen voor de Nederlandse hostesses
op de wereldtentoonstelling in Osaka. Deze werden gedragen bij kleding
van Frans Molenaar.

'Kledingsuggesties'

In januari 1970 presenteerden Gijs en Emmy de uitwerking van de ideeën
over het samengaan van eigentijdse kleding, sieraad en lichaam die ze
eerder in New York hadden gepresenteerd. De collectie bestond uit zo'n
vijfentwintig basismodellen, uitgevoerd in zwarte en witte stretchstof: 'een
gedachtenlijn waarlangs mode tot stand kan komen'.[95] De tentoonstelling
'Kledingsuggesties' vond plaats in de hoofdstedelijke galerie Art & Project,
in die dagen hét platform voor conceptuele kunst.

In het *Bulletin* van de galerie lichtten de kunstenaars de kledingsuggesties toe. Het principe waarop de kleding was gebaseerd, verschilde
niet van de uitgangspunten die in hun recente sieraadvormgeving was toe-
gepast: de vorm werd bereikt door minimale ingrepen in de basisvorm
van het materiaal aan te brengen: in plaats van in een metalen buis, nu in
rondgebreide kokers van elastische polyester.

De naadloze kokers waren recht op elkaar gestikt als de mouwen een
T-shirt: geschikt voor machinale fabricage. Om zo'n basis-outfit aan de
persoonlijke behoefte aan te passen, hadden Emmy en Gijs verschillende
ideeën. Emmy stelde voor de stof op bepaalde plekken van het lichaam te
verharden, om daarmee een grotere bewegingsvrijheid te creëren of het

---

93   Zie lijst op. cit. (noot 90).

94   *Objects to Wear by Five Dutch Jewelry Designers*, op. cit. (noot 24). De grote halskragen werden voor de catalogus opnieuw op een model gefotografeerd, ditmaal door George
van Herwaarde.

95   Gijs Bakker sprak van 'grondmodellen'. Zie 'Suggesties van Gijs en Emmy: van siera-
den tot "merkwaardig weefsel", niet-geïdentificeerd krantenknipsel in *Plakboek 1970*, archief
Stedelijk Museum 's-Hertogenbosch. Verder: 'Enthousiasme en woede: richelhansoppen',
Het Vrije Volk, 10 februari 1970.

The fruits of this constructive artistic interchange were on display at the exhibition 'Objects to Wear', in which the work of five Dutch jewellery makers selected by a panel of experts toured the USA.[89] The Van Abbe-museum in Eindhoven organized the exhibition, which opened there. Museum director Jean Leering served on the panel, and in connection with the artists selected, the other panellists are also worth mentioning: Ad Dekkers, André Volten, Wil Bertheux of the Stedelijk Museum and Benno Premsela.

Emmy contributed a series of steel bracelets with slight modifications such as a fold or flattening in the basic tubular form that create a
53 geometric formal language.[90] She solved the problem of the clasp or closure – a design element she disliked – in a similar manner, by folding the two ends of the golden band so that they fit together. To make this possible, she had to use a lower grade of gold, 14 carat. The closure cru-
54 cially influenced the form of the bracelet. The plain, geometric approach to design that characterizes these bracelets is also found in her dress
55 with collar; the cut of the dress extends into the folded aluminium collar.[91] In the artist's statement included in the catalogue, Van Leersum empha-sized that her work had become more neutral in tone. As a result of this neutrality, her jewellery – and Gijs's – was being worn somewhat more frequently by men. This was undoubtedly also because Benno Premsela, the great gay rights activist, was very publicly wearing and promoting their work.

Gijs's latest creations showed the same tendency towards simplification and the same pursuit of basic geometric forms. Building on his disc-
40 shaped collar from 1967, he made bracelets based on the same principle out of aluminium, acrylic glass and PVC, as well as a miniature version, a
57, 58 silver pinky ring. These all bore the appropriate name of *Circle in Circle*.[92] The *Möbius Bracelet*, *Bracelet with 90° Angle* and *Chrome Bracelet*
59, 60, 61 *(90° twice)* attested to his interest in geometric figures. One especially

89   *Objects to Wear by Five Dutch Jewelry Designers*, op. cit. (note 24).
90   See the list of the objects contributed by the participating artists, entitled 'Tentoonstelling draagbare objecten', in the exhibition archive of the Van Abbemuseum in Eindhoven and the catalogue *Objects to Wear by Five Dutch Jewelry Designers*, op. cit. (note 24).
91   Joris 1993, op. cit. (note 5), p. 86. Bright aluminium versions of the collar, black, blue and gold anodized (and worn with a white dress). The dress had an accessory: a loose, long-sleeved bolero that could be worn underneath it. See the photograph in *Objects to Wear by Five Dutch Jewelry Designers*, op. cit. (note 24), n.p.
92   Van Zijl 2005, op. cit. (note 6), p. 246, cat. nos. 68-71, cat. nos. 72 and 73 in later editions. The first collar with the same shape: p. 245, cat. no. 51.

successful design was a wide, colourfully anodized bracelet with a twist.
62   The exhibition included a blue one and a green one.[93]

Earlier creations by both Emmy and Gijs were also sent on the American tour: Emmy's large, twisted aluminium collar, Gijs's *Stovepipe Collar*, one of the large headpieces and the disc-shaped collar on which the *Circle in Circle* series was based.[94] This illustrates how much importance the artists attached to these 'proto-pieces'.

As in 1967, the exhibition and the related publicity led to various spin-offs. In the autumn of 1969, Gijs and Emmy received a prestigious invitation to design bracelets for the Dutch hostesses at Expo '70, the
63   world's fair in Osaka, to be combined with clothing by Frans Molenaar.

'Clothing Suggestions'
In January 1970, Gijs and Emmy presented the finished results of their ideas about the integration of contemporary clothing, jewellery and the body, which they had previously put forward in the New York exhibition. The collection consisted of white and black stretch fabric versions of some 25 basic models, 'a line of thought along which fashion may take shape'.[95] The exhibition 'Clothing Suggestions' took place in Art & Project, then Amsterdam's leading gallery for conceptual art.

In the gallery's bulletin, the artists commented on their clothing suggestions. The principle underlying the garments was the same one at work in their recent jewellery design: the form resulted from slight modifications to the basic form of the materials, which in this case were
64, 65   not metal tubes but knitted tubes of elastic polyester.

The seamless tubes were straightforwardly stitched together like the body and arms of a T-shirt, and were thus suitable for mechanical production. Emmy and Gijs had various ideas for adapting this basic outfit to individual preferences. Emmy proposed stiffening the fabric in some places, offering greater freedom of movement or correcting certain body parts (her desire to shape the ideal woman from top to toe

93   See list op. cit. (note 90).
94   *Objects to Wear by Five Dutch Jewelry Designers*, op. cit. (note 24). The large collars were photographed on a model again for the catalogue, this time by George van Herwaarde.
95   Gijs Bakker used the term 'basic models' (*grondmodellen*). See 'Suggesties van Gijs en Emmy: van sieraden tot "merkwaardig weefsel"', niet-geïdentificeerd krantenknipsel in *Plakboek 1970*, Stedelijk Museum 's-Hertogenbosch archives. Verder: 'Enthousiasme en woede: richelhansoppen', *Het Vrije Volk*, 10 February 1970.

lichaam plaatselijk te corrigeren (haar wens de ideale vrouw van top tot teen vorm te geven is een constante). Gijs bracht op de scharnierende plaatsen van het lichaam, zoals de knie, elleboog en schouder, nylon ringen aan. Verder had hij in modellen de stof met rechthoekige frames uitgerekt. Zo was in één (vrouwen)kostuum een open venster aangebracht dat de borsten als etalagewaar tentoonspreidde. Een variant had een gesloten doosvorm. In meer kostuums werden de erogene zones benadrukt, al bleef het kruis van de heren bedekt – wat het verwijt van discriminatie uitlokte.[96]

Het concept achter de collectie is gebaseerd op de opvatting dat kleding als het ware een tweede huid vormt. De nauw aansluitende body-stockings waren dat ook letterlijk, hetgeen van de drager of draagster een hoog lichaamsbewustzijn eiste. De kledingsuggesties lijken verder geïnspireerd te zijn door een essay van een Engelse kunstenaar, tevens psycholoog, in de New Yorkse catalogus. Hierin werd gefilosofeerd over de gevolgen van de democratisering en vrijere seksuele moraal op het kleedgedrag van de mens in het tijdperk van massaproductie.[97]

In een interview met als ondertitel 'Haute-couture moet van voetstuk worden gestoten' lichtten Gijs en Emmy toe dat zij zich afzetten tegen de haute couture. Zij bekritiseerden het dictaat van de mode, vooral uit Parijs, en de invloed daarvan op de confectiemode. Ze eisten meer vrijheid op.[98] Het antimode-statement dat het duo afgaf, keerde terug in de presentatievorm. De pakken werden niet zoals in 1967 in een show door modellen getoond, maar door vrienden en geestverwanten, onder wie kunstenaars, dansers en een aantal galeriehouders.[99] Zij hadden vooraf hun kostuum kunnen kiezen aan de hand van ontwerpschetsen. De kleding werd daags voor de opening door Emmy en Gijs rondgebracht. De verbazing van de bezoekers van de opening is aan de foto's af te lezen.[100] De happening zorgde voor opwinding in de pers. De rondwandelende gelegenheidsmodellen werden vergeleken met marsmannetjes en over de kleding werd gesproken als 'richelhansoppen'.[101]

96   Emmy Huf, 'Kleding', *Het Parool*, 4 februari 1970.
97   Alexander Weatherson, 'Body Covering: Psychological Aspects', in: *Body Covering*, op. cit. (noot 83), p. 7-8.
98   Zie ook Pavitt 2012, op. cit. (noot 63), p. 396.
99   Dit waren behalve Riekje Swart van Galerie Swart en Adriaan van Ravesteijn van Art & Project, Jenny en Yves De Smet van Plus-Kern, centrum voor konstruktieve vormgeving in Gent. Deze galerie voerde een vergelijkbaar programma als de twee Amsterdamse galeries. Bakker en Van Leersum exposeerden hun werk in Plus-Kern in 1969 in de groepstentoonstelling 'Made in Holland', en de kledingsuggesties met sieraden in december 1970. Ook Wies Smals van de Amsterdamse galerie Seriaal droeg tijdens de opening een kostuum.
100   Mededeling van Gijs Bakker aan de auteur, d.d. 8 november 2013.
101   'Enthousiasme en woede: richelhansoppen', op. cit. (noot 95).

Emmy, die zelf een danscarrière had geambieerd en altijd belangstelling voor dans had gehouden, was al eerder benaderd door de danswereld. Dat hun kostuums met hun expressieve contouren de aandacht trokken, wekt geen verbazing. Verschillende modellen en enkele kragen werden door het Nederlands Dans Theater nabesteld voor het ballet *Mutations*, een choreografie van Glen Tetley met video-invoegingen van Hans van Manen. In juli 1970 vond de première plaats in het kader van het Holland Festival en daarna ging het gezelschap met deze voorstelling op tournee.

'Gijs+Emmy': een succesvol merk

Door hun gezamenlijke optreden, logo, consistente boodschap, samen-werking met spraakmakende galeries en vooraanstaande kunstmusea en gelijkgestemde kunstenaars creëerden Gijs Bakker en Emmy van Leersum in korte tijd een ijzersterk imago. Een vorm van *branding* waarvoor internet vandaag de dag stappenplannen biedt.[102]

Personal branding begint met duidelijk voor ogen hebben wat je zakelijk en privé wilt bereiken en wat je (levens)doel is, maar ook waar je je tegen afzet. In het verhaal van Gijs en Emmy waren dat de afkeer van het ambacht van edelsmeden zonder enig concept, van het juweel als elitair statussymbool, en het dragen van sieraden zonder enige relatie met kleding en persoonlijkheid van de drager. Het duo promootte zelf hun werk en de bijbehorende look door zich publiekelijk in outfits naar eigen ontwerp te vertonen, of volgens de laatste mode gekleed, getooid met een sieraad van eigen makelij.

De doelgroep waarop Gijs en Emmy zich richtten, waren mensen zoals zijzelf: jong en progressief, geïnteresseerd in mode en kunst. Het positieve imago van sieraden en look werd door een snel groeiend netwerk verspreid. In Engeland behartigde Ralph Turner hun belangen, in de Verenigde Staten toerde de tentoonstelling 'Objects to Wear' rond. In Nederland hadden Gijs en Emmy een brug geslagen naar de wereld van de contemporaine kunst, in het bijzonder de geometrische abstractie en de opkomende conceptuele kunst die door Galerie Swart en Art & Project vertegenwoordigd werden. Museummedewerkers als die van het Stedelijk Museum in Amsterdam en

---

102   Jonathan E. Schroeder, 'The Artist and the Brand', *European Journal of Marketing* 39 (2005) 11/12 p. 1291-1305 en twee van de talloze sites over *branding* www.carrieretijger.nl/carriere/zelfmarketing/personal-branding en www.hoedoe.nl/werk-carriere/freelance/hoe-creeer-ik-mijn-eigen-personal-brand (geraadpleegd op 24 september 2013).

is a constant in her work). Gijs added nylon rings at the joints of the body, such as the knees, elbows and shoulders. In his models, he also stretched out the fabric with rectangular frames. For example, one suit (for a woman) included an open window that showed off the breasts like merchandise in a display case. In another version, this window was replaced with a closed box. Several outfits drew attention to the erogenous zones, although men's crotches were always covered – a choice that led to cries of discrimination.[96]

69
66

67, 68

The concept underlying the collection is that clothing should form a kind of second skin. The close-fitting body stockings met this requirement almost literally, requiring the wearer to be keenly aware of his or her body. Another source of inspiration for these 'clothing suggestions' seems to have been an essay by a British artist and psychologist in the New York catalogue, which contemplated the impact of democratization and sexual liberation on modes of dress in the age of mass production.[97]

In an interview subtitled 'Haute couture must be knocked off its pedestal', Gijs and Emmy explained their opposition to high fashion. They criticized the tyranny of the latest styles, especially from Paris, and their influence on off-the-rack garments. And they demanded greater freedom.[98] The duo's anti-fashion statement was echoed in the presentation of the new clothing. Their outfits were not shown by models, as they had been in 1967, but by friends and kindred spirits, who included artists, dancers and several gallery owners.[99] These amateur models had chosen their suits in advance from design sketches, and Gijs and Emmy delivered the finished outfits the day before the opening. The astonishment of the visitors to the exhibition is visible in the photographs.[100] The event provoked excited commentary in the press, in which the circulating amateur models were compared to Martians and the clothing was described as 'one-piece runway pyjamas'.[101]

70, 71

96   Emmy Huf, 'Kleding', Het Parool, 4 February 1970.
97   Alexander Weatherson, 'Body Covering: Psychological Aspects', in Body Covering, op. cit. (note 83), pp. 7-8.
98   See also Pavitt 2012, op. cit. (note 35), pp. 399-400.
99   Besides Riekje Swart of Galerie Swart and Adriaan van Ravesteijn of Art & Project, the gallery owners included Jenny and Yves De Smet of Plus-Kern, a centre for constructivist design in Ghent. This gallery had a programme similar to those of the two Amsterdam galleries. Bakker and Van Leersum's work was exhibited in Plus-Kern in 1969 in the group exhibition 'Made in Holland', and the clothing suggestions with jewellery were shown there in December 1970. Wies Smals of the Amsterdam gallery Seriaal also wore one of the suits at the opening.
100   Personal communication from Gijs Bakker to the author, 8 November 2013.
101   'Enthousiasme en woede: richelhansoppen', op. cit. (note 95).

Emmy, who had once hoped to become a dancer and had always remained interested in dance, had been approached by dance professionals before. Unsurprisingly, the expressive contours of the new suits drew attention from this quarter. The Nederlands Dans Theater ordered a variety of suits and a few collars for the ballet *Mutations*, choreo-

72 graphed by Glen Tetley with video material by Hans van Manen. This work premiered at the Holland Festival in July 1970; the company then went on tour with it.

'Gijs+Emmy' a Successful Brand

Thanks to their partnership, their logo, their consistent message, and their collaboration with prominent galleries, leading art museums and like-minded artists, Gijs Bakker and Emmy van Leersum quickly earned a rock-solid reputation. They practiced a form of branding that you can now find explained step by step online.[102]

The first stage in personal branding involves clearly defining your personal and professional objectives and your mission, as well as what you oppose. In Gijs and Emmy's case, they rejected the craft tradition of the silversmith, the use of jewellery as an elite status symbol and the wearing of jewellery that bore no relation to the clothes or personality of the wearer. They promoted their work and the look associated with it by appearing in public in outfits they had designed, or in the latest fashions

73 and wearing their own jewellery.

Gijs and Emmy's target group consisted of people like themselves, young and progressive, interested in art and fashion. The buzz about their jewellery and their look spread by way of their rapidly growing network. Ralph Turner promoted their interests in England and the exhibition 'Objects to Wear' toured the USA. In the Netherlands, Gijs and Emmy had bridged the gap between the worlds of design and contemporary art, especially geometric abstraction and the emergent conceptual art movement represented by Galerie Swart and Art & Project. Curators at institutions like the Stedelijk Museum in Amsterdam and the Van Abbemuseum in Eindhoven had supported their art and

---

102   Jonathan E. Schroeder, 'The Artist and the Brand', *European Journal of Marketing* 39 (2005) 11/12, pp. 1291-1305, and two of the countless websites on the subject of branding: www.carrieretijger.nl/carriere/zelfmarketing/personal-branding and www.hoedoe.nl/werk-carriere/freelance/hoe-creeer-ik-mijn-eigen-personal-brand (consulted on 24 September 2013).

73 Gijs Bakker en Emmy van Leersum, gekleed in outfits die geïnspireerd zijn op de unisexmode van Pierre Cardin met tussen hen in Aldo van den Nieuwelaar tijdens de opening van 'Atelier 7' in het Stedelijk Museum. Alle drie dragen armbanden van Gijs en Emmy, 1970 / Gijs Bakker and Emmy van Leersum in outfits inspired by Pierre Cardin's unisex fashions, with Aldo van den Nieuwelaar between them, at the opening of 'Atelier 7' in the Stedelijk Museum in 1970. All three of them are wearing Gijs and Emmy bracelets, 1970

Foto's uit de serie met Sonja Bakker, 1967 /
Photographs from the series with Sonja Bakker, 1967
foto's/photos Matthijs Schrofer

75 Affiche van tentoonstelling 'Sculpture to Wear', Ewan Phillips Gallery, Londen, 1967, met foto van Matthijs Schrofer / Poster for the exhibition 'Sculpture to Wear', Ewan Phillips Gallery, London, 1967, with photograph by Matthijs Schrofer
coll. Gijs Bakker, Amsterdam

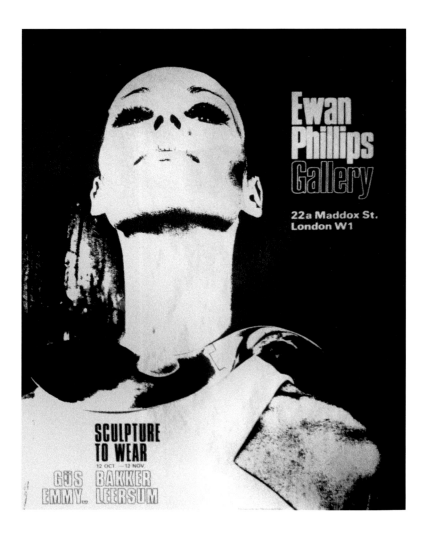

SCULPTURE TO WEAR

Pictures by
Matthijs Schrofer

77 Renie van Wijk, gekleed in een mini-jurk van Emmy van Leersum
(vgl. afb. 2) met de zilveren armband van Van Leersum, foto 1967 /
Renie van Wijk in a mini-dress belonging to Emmy van Leersum (compare
fig. 2) with Van Leersum's silver bracelet, photographed in 1967
foto/photo Sjaak Ramakers

78 Renie van Wijk, gekleed in een jurk van Emmy van Leersum met de *Puntlascollier* en *-armband*, uitgevoerd in roestvrij staal van Gijs Bakker, 1967 / Renie van Wijk in a dress, belonging to Emmy van Leersum, with the stainless steel *Point Welded Collar* and *Point Welded Bracelet* made by Gijs Bakker, 1967
foto/photo Sjaak Ramakers

79 Renie van Wijk met de grote aluminium halskraag van Gijs Bakker, gekleed in een zwarte lap, 1967. Een vergroting van deze foto hing op de expositie in het Stedelijk Museum. / Renie van Wijk wearing Gijs Bakker's large aluminium collar and dressed in a length of black cloth, 1967. A blow-up of this photograph was included in the exhibition in the Stedelijk Museum.
foto/photo Sjaak Ramakers

80 Renie van Wijk met de *Puntlascollier* en *-armband*, uitgevoerd in roestvrij
staal van Gijs Bakker, 1967 / Renie van Wijk wearing the stainless steel
Point Welded Collar and *Point Welded Bracelet* made by Gijs Bakker, 1967
foto/photo Sjaak Ramakers

81 Gestileerde foto's in vouwblad bij tentoonstelling 'Objects to Wear.
Experimental Clothing and New Jewellery', Electrum Gallery, Londen, 1972 /
Stylized photographs in the folder for the exhibition 'Objects to Wear.
Experimental Clothing and New Jewellery', Electrum Gallery, London, 1972
foto /photo Ton Baadenhuysen

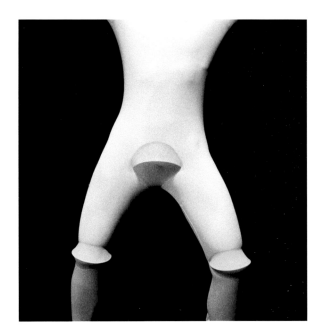

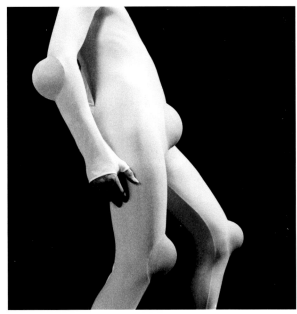

82 Afstudeerfeest bij An en Martien de Voigt thuis in 1968. An draagt
een halskraag die door een beugel is verbonden aan een zijden jurkje, in 1967
ontworpen door Gijs Bakker. Uiterst links en profil: Ad Dekkers, daarachter
Marlies Eyck. / Graduation party in the home of An and Martien de Voigt in
1968. An is wearing a collar fastened with a clasp to a silk dress, a combination
designed by Gijs Bakker in 1967. On the far left, in profile: Ad Dekkers.
Behind him is Marlies Eyck.
coll. An en/and Martien de Voigt, Gorinchem

83 Emmy van Leersum in een eigen creatie met achter haar An de Voigt op het
zelfde feestje / Emmy van Leersum at the same party, wearing a creation of
her own design. Behind her is An de Voigt.
coll. An en/and Martien de Voigt, Gorinchem

84 An de Voigt met transparante *Hoofdvorm* en sandalen in perspex
en pvc, beide in 1967 ontworpen door Gijs Bakker, tijdens de opening van de
tentoonstelling 'Nederlandse inzending Biënnale São Paulo 1967', 1968 in het
Stedelijk Museum Amsterdam. Rechtsachter haar zus Lien Dekkers met de
gouden *Ui-armband.* / An de Voigt with a transparent *Head Form* and sandals
made of acrylic glass and PVC, both designed by Gijs Bakker in 1967.
Photograph taken in the Stedelijk Museum Amsterdam in 1968, at the opening
of the exhibition of the Dutch contribution to the São Paulo Biennial in 1967.
Behind her and to the right is her sister Lien Dekkers, wearing the gold *Onion
Bracelet.*
coll. An en/and Martien de Voigt, Gorinchem

85 Ad en Lien Dekkers tijdens de opening van de tentoonstelling van Ad
Dekkers in de fabriek van Jo Eyck in Heerlen, herfst 1967. Lien draagt
de gouden *Oorschelpen* van Gijs Bakker. / Ad and Lien Dekkers at the
opening of Ad Dekkers' exhibtion in Jo Eyck's factory in Heerlen, Fall 1967.
Lien is wearing the large gold *Auricular Pieces* by Gijs Bakker.
coll. Jo en/and Marlies Eyck, Wijhe

86 **Gijs Bakker**, galajurk van fuchsiaroze zijde, 1970, met schijfvormige aluminium kraag uit 1967 van **Lenny Westerdijk** / fuchsia pink silk evening gown, 1970, with the disc-shaped aluminium collar from 1967 that belonged to **Lenny Westerdijk**
coll. Stedelijk Museum Amsterdam
foto/photo Stedelijk Museum Amsterdam

87 **Lenny Westerdijk en Gale Law in hun alternatieve galakostuums /**
Lenny Westerdijk and Gale Law in their alternative full-dress outfits
Plakboek 1972–1973, archief/archives, Stedelijk Museum 's-Hertogenbosch

het Van Abbemuseum in Eindhoven hadden zich achter hun kunst geschaard en boden het echtpaar een platform dat de bekendheid en verspreiding van hun werk sterk bevorderde.[103]

Om te bereiken wat hun voor ogen stond, werkten Bakker en Van Leersum in de aanloop van hun show in het Stedelijk Museum samen met een groepje creatieve jongeren dat zich ten doel stelde om verschillende uitingen op het gebied van mode en accessoires bij elkaar te brengen en ook de publiciteit en fotografie op dit gebied op een hoger plan te brengen. Tot deze groep behoorden onder meer schoenontwerper Jan Jansen, modeontwerpers Alice Edeling en Maarten van Dreven, sieradenmaker Hans van der Heijden, fotograaf Matthijs Schrofer en journaliste Louwrien Wijers.[104] Wijers kende de conservatoren van het Stedelijk Liesbeth Crommelin en haar toenmalige vriend Wim Beeren (de latere directeur van het museum). Zij speelde in deze groep een centrale rol. In het *Algemeen Handelsblad* wijdde ze van 1967 tot 1969 regelmatig serieuze besprekingen aan het werk van Gijs en Emmy. Ze schreef niet alleen een informatief verslag van de modeshow in het Stedelijk, maar ook over de opening in Ewan Phillips Gallery in Londen en van 'Body Covering' in New York. Wijers verbleef in New York om een artikel over de kunstavant-garde te schrijven.[105] Tijdens openingen in vooraanstaande galeries als die van Leo Castelli maakte ze reclame voor de kragen en armbanden van Gijs en Emmy. Ze droeg ze bij ultrakorte jurken en laarzen 'tot in de liezen', die Jan Jansen speciaal voor haar had gemaakt.[106]

Matthijs Schrofer is minstens zo belangrijk geweest voor het succes van Gijs en Emmy. Niet alleen was hij direct betrokken bij de organisatie van de modeshow in het Stedelijk – hij zorgde voor de belichting en deed samen met Emmy de regie – na afloop kreeg hij van conservator Liesbeth Crommelin de opdracht een aantal kragen en sieraden op de kleding van de show te fotograferen. In aansluiting daarop maakte hij op eigen initiatief nog twee

35, 36, 37   aantal series. Die met Sonja Bakker werd de bekendste.[107]

103   Ambassadeurs van het eerste uur schreven mee aan de catalogus van de tentoonstelling van Emmy van Leersum in het Stedelijk Museum uit 1979, zie *Emmy van Leersum*, op. cit. (noot 77).

104   Wijers 1968, op. cit. (noot 86).

105   Wim Beeren van het Stedelijk Museum had Wijers introductiebrieven meegegeven. Mondelinge mededeling van Louwrien Wijers aan de auteur, d.d. 24 januari 2012.

106   Mondelinge mededeling van Louwrien Wijers aan de auteur, d.d. 24 januari 2012.

107   De opdracht van het museum wordt vermeld in het typoscript *Biografieën*, z.j., s.v. Schrofer, Matthijs, map nr. 5027, archief Stedelijk Museum Amsterdam. De serie met Sonja Bakker dateert van 20 juli 1967. Mondelinge mededeling van Matthijs Schrofer aan de auteur, d.d. 27 februari 2012. Daaraan vooraf gingen opnamen met Kabul Velthoen op 22 juni 1967, gepubliceerd in *Tiq* nr. 9, augustus 1967, en met Bambi Uden op 23 juni 1967. Acht foto's uit deze serie verschenen in *Margriet* nr. 47, 26 augustus 1967, p. 46-49.

Uitvergrotingen van deze serie hingen in de galerie in Londen en werden afgedrukt in Engelse bladen. De foto's hebben ook bij latere manifestaties van Bakker en Van Leersum goede diensten bewezen. Ze zijn zo vaak gereproduceerd dat het beeld van de modeshow is gaan samenvallen met Schrofers foto's.[108]

Bakker en Van Leersum hebben van het begin af aan met fotografen gewerkt. De jurken en sieraden voor de show in het Stedelijk werden vooraf gefotografeerd door de Utrechtse fotograaf Sjaak Ramakers*. Deze foto's waren beschikbaar voor de pers en zijn bij tientallen recensies afgedrukt. Ramakers had ondanks het feit dat Gijs en Emmy een strenge regie voerden over alles wat met de show te maken had, geen aanwijzingen gekregen hoe hij het werk moest fotograferen. Hij fotografeerde Renie van Wijk op een vervreemdende wijze buiten in de natuur. De sombere sfeer met Renie in 31, 77, 78\n79, 80 elkaar gedoken in een hol zittend of liggend alsof ze een zelfmoordpoging had gedaan, verraden de invloed van Ingmar Bergman, die Ramakers in die tijd bewonderde. Vier foto's hingen uitvergroot op de tentoonstelling 'Edelsmeden 3'.[109]

De manifestatie 'Kledingsuggesties' in Art & Project is vastgelegd door zeker drie fotografen.[110] Legden de foto's van Ramakers de happening vast, de opnamen van Ton Baadenhuysen benadrukten het thema van 'de tweede huid'. Drie foto's werden in 1972 gebruikt voor het vouwblad dat Electrum Gallery uitbracht ter gelegenheid van de reprise van de kleding- 81 suggesties in Londen (aangevuld met nieuwe armbanden).

Stijliconen

Voor de verspreiding van een merk is behalve betrouwbaarheid en consistentie, herkenbaarheid van look, naam en stijl een vereiste. De bekendste kunstenaar die hiernaar handelde, is de Amerikaanse kunstenaar Andy Warhol. In een bepaalde periode was wat Warhol en zijn entourage droegen, zeiden en deden even belangrijk als wat ze maakten.[111] Ook Gijs en Emmy hadden een aanhang die door hun kleding en sieraden te dragen hebben bijgedragen aan het beeld dat van het echtpaar is gecreëerd en van de stijl die zij voorstonden.

108   Bijvoorbeeld in: Liesbeth Crommelin en Paul Derrez, 'Rek in het sieraad', *Kunstschrift. Uitgave van Openbaar Kunstbezit* 26 (1982) november-december, themanummer 'Sieraden', p. 202-213 en Pavitt 2012, op. cit. (noot 63).
109   Mededeling Renie van Wijk aan de auteur, d.d. 17 mei 2011.
110   Ton Baadenhuysen, Gijsbert Hanekroot en Sjaak Ramakers. Zie 'Emmy van Leersum and Gijs Bakker', *Art & Project Bulletin 25* [1970].
111   Mark Francis en Margeny King (red.), *The Warhol Look. Glamour, Style and Fashion*, Boston/Pittsburgh (Andy Warhol Museum) 1997, p. 23-24.

offered them a platform that enhanced the recognition and dissemination of their work.[103]

To achieve their objectives, Bakker and Van Leersum worked with a select group of young creatives to prepare for their show at the Stedelijk, with the goal of combining various forms of creative expression in the field of fashion and accessories and lifting the quality of the publicity and photography to the same high level. This group included shoe designer Jan Jansen, fashion designers Alice Edeling and Maarten van Dreven, jewellery maker Hans van der Heijden, photographer Matthijs Schrofer and journalist Louwrien Wijers.[104] Wijers knew the curators at the Stedelijk, Liesbeth Crommelin and her then companion Wim Beeren (who later became the museum director). Wijers played a pivotal role in this group, regularly publishing serious reviews of Gijs and Emmy's work in the *Algemeen Handelsblad* between 1967 and 1969. She wrote informational articles about the fashion show at the Stedelijk, the opening in London's Ewan Phillips Gallery and the exhibition 'Body Covering' in New York. Wijers went to New York to research an article about the city's avant-garde art scene.[105] At openings in major galleries like Leo Castelli's, she promoted Gijs and Emmy's collars and bracelets, wearing them with ultra-short mini-dresses and boots that went 'up to the groin', designed especially for her by Jan Jansen.[106]

 Matthijs Schrofer played at least as important a part in Gijs and Emmy's success. Not only was he directly involved in the fashion show in the Stedelijk, running the lighting and co-directing with Emmy, but he also photographed a number of collars and pieces of jewellery in combination with the clothing from the show at the request of Liesbeth Crommelin. Shortly after that, he shot two series at his own initiative; the one with Sonja Bakker became the best known.[107]

35, 36, 37

103 Early ambassadors of their work contributed to the catalogue for the Emmy van Leersum exhibition at the Stedelijk Museum in 1979; see *Emmy van Leersum*, op. cit. (note 77).
104 Wijers 1968, op. cit. (note 86).
105 Wim Beeren of the Stedelijk Museum had furnished Wijers with letters of introduction. Oral communication from Louwrien Wijers to the author, 24 January 2012.
106 Personal communication from Louwrien Wijers to the author, 24 January 2012.
107 The assignment by the museum is mentioned in the typescript *Biografieën*, n.d., under 'Schrofer, Matthijs', dossier no. 5027, Stedelijk Museum Amsterdam archives. The series of photographs with Sonja Bakker dates from 20 July 1967. Oral communication from Matthijs Schrofer to the author, 27 February 2012. There were also earlier photographs with Kabul Velthoen, dating from 22 June 1967, published in *Tiq*, no. 9, August 1967, and with Bambi Uden, dating from 23 June 1967. Eight photographs from this series appeared in *Margriet*, no. 47, 26 August 1967, pp. 46-49.

Enlarged photos from this series were hung in the gallery in London
76   and published in British magazines. These same photos were also put to
good use in some of Bakker and Van Leersum's later exhibitions. They
have been reproduced so many times that they have come to define the
image of
the Stedelijk fashion show.[108]

Bakker and Van Leersum worked with photographers right from
the start. The dresses and jewellery for the Stedelijk show were photographed beforehand by Utrecht photographer Sjaak Ramakers.* These
photos were available to the press and appeared alongside dozens of
reviews. Even though Gijs and Emmy kept tight control of nearly every
aspect of the show, Ramakers did not receive any instructions on how
to photograph their work. He shot Renie van Wijk outdoors, in a peculiar
natural setting that evoked a sense of alienation. The grim mood, with
31, 77, 78   Renie huddling in a cave or lying on the ground as if after a suicide
79, 80   attempt, betrays the influence of Ingmar Bergman, whom Ramakers
greatly admired in those days. Enlargements of four photographs were
hung in the exhibition 'Edelsmeden 3'.[109]

The 'Clothing Suggestions' event in Art & Project was covered by
at least three photographers.[110] While Ramakers's photos recorded the
happening, Ton Baadenhuysen's emphasized the theme of the 'second
skin'. Three photos were used in 1972 for the folder that Electrum Gallery
81   published in connection with the reprise of 'Clothing Suggestions' in
London, with the addition of new bracelets.

Icons of Style

The expansion of a brand requires not only reliability and consistency,
but also a recognizable look, name and style. The artist who most
famously illustrated this principle was Andy Warhol. For a time, what
Warhol and his entourage wore, said and did was just as important as
what they made.[111] Gijs and Emmy likewise had a faithful band of supporters who wore their clothing and jewellery, fuelling the popular image of
the two designers and the style they advocated.

108   For example, in Liesbeth Crommelin en Paul Derrez, 'Rek in het sieraad',
Kunstschrift. Uitgave van Openbaar Kunstbezit 26 (1982) November-December, issue
on the theme of 'Sieraden' (Jewellery), pp. 202-213, and Pavitt 2012, op. cit. (note 35).
109   Personal communication from Renie van Wijk to the author, 17 May 2011.
110   Ton Baadenhuysen, Gijsbert Hanekroot and Sjaak Ramakers. See 'Emmy van
Leersum and Gijs Bakker', *Art & Project Bulletin 25* [1970].
111   Mark Francis and Margeny King (eds.), *The Warhol Look: Glamour, Style and
Fashion*, Boston/Pittsburgh (Andy Warhol Museum) 1997, pp. 23-24.

Fans van het eerste uur waren Ad en Lien Dekkers, en de zus van Lien en haar man, An en Martien de Voigt. De laatsten woonden vanaf het midden van de jaren zestig in Utrecht. Het contact tussen de echtparen was intensief en al snel werden Gijs en Emmy deel van hun vriendenkring. An de Voigt ging het duo helpen met de verkoop van hun sieraden in de werfkelder en organiseerde er vanaf 1969 de exposities van bevriende kunstenaars. Zij kocht voor zichzelf verschillende losse sieraden, die ze vaak droeg.[112] An bezat twee sets, elk bestaande uit een jurk met halskraag, die ze bij feestelijke gelegenheden droeg, onder andere in het academisch milieu van de universiteit van Utrecht, waar Martien, wiskundige, afstudeerde en promoveerde. Hoezeer zij de geometrische abstractie waren toegedaan, blijkt uit de inrichting van hun huis: met witte blokken van Slothouber en Graatsma en werk van hun zwager en andere kunstenaars uit de stal van Riekje Swart aan de muur.

82, 83

Op een foto van een opening in het Stedelijk staat An, getooid met de transparante *Hoofdvorm* van Gijs Bakker en aan haar voeten bijzondere sandalen van perspex en pvc die Gijs speciaal voor haar ontwierp.[113] Ook de mannen lieten zich niet onbetuigd.[114] Zowel Ad als Martien droeg de *Möbiusarmband* van Gijs, Martien als alternatieve trouwring, An droeg een kleine versie.[115]

Tot de kring rond Ad en Lien Dekkers behoorde ook het verzamelaarsechtpaar Jo en Marlies Eyck* uit Heerlen. Marlies Eyck bestelde een jurk bij Gijs en Emmy nadat ze bij Galerie Swart Lien met grote gouden oorbellen had gezien.[116] Haar jurk is een korte versie van de lange jurk met asymmetrische hals gecombineerd met de bijbehorende golvende halskraag van Emmy van Leersum.

Dat het merk 'Gijs+Emmy' letterlijk werd uitgedragen, illustreert de herinnering van Frans Haks, de latere directeur van het Groninger Museum, aan de Documenta 4 van 1968. Op een van de ontvangsten zag hij Marlies Eyck in haar creatie rondlopen en raakte geïnteresseerd in de sieraden van Gijs en Emmy.[117] Kunstenaar Richard Lohse, met het echtpaar Eyck bevriend

112   Mededelingen van An en Martien de Voigt aan de auteur, d.d. 16 september 2013. An droeg o.a. de grote gouden oorschelpen van Gijs Bakker uit 1967, cat.nr. 57 in Van Zijl 2005, op. cit. (noot 6), p. 245 en de roestvrijstalen ceintuur, cat.nr. 37.

113   Zie afbeelding 026 van Emmy met deze sandalen (foto Sjaak Ramakers 1967) in Van Zijl 2000, op. cit. (noot 16).

114   Op de vraag bij wie hun sieraden meteen aansloegen, noemden Gijs en Emmy Ad Dekkers, Benno Premsela en Ralph Turner, zie Louwrien Wijers, 'Vormen voor de vrouw van morgen', *Algemeen Handelsblad*, 20 oktober 1967.

115   Mededeling van An en Martien de Voigt aan de auteur, d.d. 16 september 2013.

116   Mededeling van Marlies Eyck aan de auteur, d.d. 25 mei 2013.

117   Zie zijn herinnering in *Emmy van Leersum*, op. cit. (noot 77), z.p.

en ook present, was zo geïmponeerd door de creaties die hij zag – Marlies Eyck was niet de enige die een 'Gijs+Emmy' droeg – dat hij de hilarische woorden sprak: 'Frau Eyck, Sie sind eine metropolitische Frau!'[118]

Een jaar later waren kunstenaars en aanhang verzameld in Neurenberg om er de opening van de Biënnale voor constructivistische kunst 'Konstruktive Kunst: Elemente und Prinzipien' bij te wonen. Lien Dekkers had voor die gelegenheid de turquoise jurk met kokerkraag van Gijs te leen, de andere vrouwen droegen hun eigen outfits.[119]

Behalve van deze 'gelovigen in de geometrie' kwamen er verzoeken uit de vriendenkring en van familie.[120] Van deze groep opdrachtgevers moeten de danseres Lenny Westerdijk en haar man Gale Law worden genoemd. Zij werkten allebei bij het Nederlands Dans Theater, waar Lenny in *Mutations* danste en Gale de tournee naar het buitenland organiseerde, waaronder New York. Speciaal voor de receptie in de Nederlandse ambassade na afloop van de voorstelling maakte Gijs Bakker een alternatief galakostuum voor de danseres en haar man.

87

Het meest succesvol van alle ontwerpen was het kleine en zeer draagbare jurkje met geanodiseerde halsband van Emmy van Leersum. Het model werd in Eindhoven ten doop gehouden, uitgevoerd in zwarte en witte trevira. Nabestellingen waren er ook in andere kleurstellingen. Een vriendin van het koppel droeg een blauwe versie bij haar huwelijk, An de Voigt had haar zandkleurige versie met goudkleurig geanodiseerde halskraag, Wies van Moorsel*, de vrouw van Jean Leering, directeur van het Van Abbemuseum, de zwarte uitvoering. Ook zij droeg haar jurk vooral bij openingen in musea, in de eerste plaats in het Van Abbemuseum.[121]

55

Al deze vrouwen voldoen aan de beschrijving die Gijs Bakker een journalist gaf toen deze hem vroeg wie de kragen droegen. Zijn antwoord luidde: '(...) vrouwen die naar de opening van een tentoonstelling gaan om gezien te worden'. Wat de journalist de opmerking ontlokte: 'Zoiets is niet een sieraad dragen maar voyant zijn. Wat overigens best mag.'[122]

118   Mededeling van Marlies Eyck aan de auteur, d.d. 25 mei 2013.
119   Mededeling van Antje von Graevenitz (die aanwezig was) aan de auteur, d.d. 10 mei 2013. Bevestigd door Gijs Bakker.
120   Uitspraak van Carel Blotkamp in gesprek met de auteur, d.d. 29 april 2013.
121   Mededeling van Wies van Moorsel aan de auteur, d.d. 22 april 2013.
122   Tony Mulders, 'Dingen om vrouwen te tooien', *Scheppend Ambacht* 20 (1969) 3, p. 48-49.

Early fans included Ad and Lien Dekkers, as well as Lien's sister and her husband, An and Martien de Voigt. From the mid-1960s onward, the De Voigts lived in Utrecht. These couples saw each other frequently, and Gijs and Emmy very soon became part of this circle of friends. An de Voigt helped the duo sell their jewellery in the wharf cellar and, starting in 1969, organized the exhibitions there of the work of their artist friends. She bought quite a few independent pieces of jewellery for herself and wore them often.[112] An had two dresses with accompanying collars, which she wore on festive occasions, for instance at Utrecht University, where Martien, a mathematician, completed his university and post-
82, 83 graduate studies. The interior of their home revealed their passion for geometrical abstraction; they had white blocks by Slothouber and Graatsma, as well as work by their brother-in-law and other artists from Riekje Swart's gallery on their walls.

In a photograph of an opening in the Stedelijk, An is wearing Gijs Bakker's transparent *Head Form* and her feet are clad in unusual acrylic
84 glass and PVC sandals.[113] The men did their share too.[114] Both Ad and Martien wore Gijs's *Möbius Bracelet*; Martien used it as an alternative wedding ring, while An wore a smaller version.[115] Ad and Lien Dekkers' circle also included the collectors Jo and Marlies Eyck,* a married couple from Heerlen. Marlies Eyck ordered a dress from Gijs and Emmy after seeing Lien at Galerie Swart with large golden earrings.[116] Her dress is a short version of the long dress with an asymmetrical neckline, combined with the accompanying undulating collar by Emmy
32 van Leersum.

Gijs and Emmy's acquaintances literally became walking advertise-ments for their brand. Frans Haks, the later director of the Groninger Museum, recalls that at a reception during Documenta 4 in 1968 he saw Marlies Eyck wearing her ensemble and became interested in Gijs and Emmy's jewellery.[117] The artist Richard Lohse, a friend of the Eycks who

112 Personal communications from An and Martien de Voigt to the author, 16 September 2013. An's outfit included the large gold auricular pieces by Gijs Bakker from 1967, cat. no. 57 in Van Zijl 2005, op. cit. (note 6), p. 245, and the stainless steel belt, cat. no. 37.
113 See fig. 026 of Emmy with these sandals (photographed by Sjaak Ramakers, 1967) in Van Zijl 2000, op. cit. (note 16).
114 When asked who had shown immediate enthusiasm for their jewellery, Gijs and Emmy mentioned Ad Dekkers, Benno Premsela, and Ralph Turner; see Louwrien Wijers, 'Vormen voor de vrouw van morgen', *Algemeen Handelsblad*, 20 October 1967.
115 Personal communication from An and Martien de Voigt to the author, 16 September 2013.
116 Personal communication from Marlies Eyck to the author, 25 May 2013.
117 See his recollection in *Emmy van Leersum*, op. cit. (note 77), n.p.

was also present on that occasion, was so impressed by the creations he saw – Marlies Eyck was not the only one wearing a 'Gijs+Emmy' – that he made the amusing remark: 'Frau Eyck, Sie sind eine metropolitische Frau!' (Mrs Eyck, you are a metropolitan woman!).[118]

A year later, the artists and their supporters were in Nuremberg for the opening of the biennale for constructivist art, 'Konstruktive Kunst: Elemente und Prinzipien'. For this occasion, Lien Dekkers had borrowed Gijs's turquoise dress with the cylindrical collar; the other women were wearing their own outfits.[119]

Gijs and Emmy received commissions not only from these 'true believers in geometry' but also from other friends and relatives.[120] This group of clients included dancer Lenny Westerdijk and her husband Gale Law. Both worked at the Nederlands Dans Theater, where Lenny danced in *Mutations* and Gale organized the international tour, which included New York. Especially for the reception at the Dutch embassy after the performance, Gijs Bakker made alternative gala outfits for the dancer

87 and her husband.

The most successful of all their designs was Emmy van Leersum's small and very wearable dress with an anodized collar. The model was

55 first introduced in Eindhoven, in a black-and-white Trevira fabric version. Later it was also ordered in other colours. A friend of the couple wore a blue version at her wedding; An de Voigt had a sand-coloured version with a gold-anodized collar; and Wies van Moorsel*, the wife of Van Abbemuseum director Jean Leering, owned the black version, which she too wore to museum openings, chiefly at the Van Abbemuseum.[121]

All these women met the description Gijs Bakker once gave when a journalist asked him who wore his collars. His answer was: 'Women who go to exhibition openings to be seen.' This drew a response from the journalist: 'That's not wearing jewellery but making a spectacle of yourself. Not that there's anything wrong with that.'[122]

118   Personal communication from Marlies Eyck to the author, 25 May 2013.
119   Personal communication from Antje von Graevenitz (who was present) to the author, 10 May 2013. Confirmed by Gijs Bakker.
120   Statement by Carel Blotkamp in a conversation with the author, 29 April 2013.
121   Personal communication from Wies van Moorsel to the author, 22 April 2013.
122   Tony Mulders, 'Dingen om vrouwen te tooien', *Scheppend Ambacht* 20 (1969) 3, pp. 48-49.

**Aula Stedelijk Museum Amsterdam, ca. 1967 /
Auditorium Stedelijk Museum Amsterdam, around 1967**
foto/photo Stedelijk Museum Amsterdam

Wie is wie

Sonja Bakker

Sonja Bakker (1942), blond, blauwe ogen en
1.80 m lang, was bij Dick Holthaus begonnen en
werkte in 1967 twee jaar als fotomodel. Zij was
een van de twee mannequins die voor het legen-
darische Moskounummer van de *Avenue* (maart
1966) op het Rode Plein en in de metro poseer-
den voor fotograaf Paul Huf. Dankzij de reportage van Erna van den Berg waarin de doorloop
van de show is beschreven, weten we welke
maten Sonja in 1967 had: bovenwijdte 90 cm,
taille 60 cm, heupwijdte 85 cm, schoenen 39,
confectie 38. Ook de maat van haar handschoe-
nen wordt vermeld, wat in 1967 voor een profes-
sioneel model kennelijk nog standaard was.
Vergeleken met de vereiste maten van een model anno 2013 is haar borstomvang maximaal en
ligt haar heupwijdte iets onder de eisen, terwijl
de andere maten binnen de grenzen vallen. De
fotoserie van Sonja in de outfits van Gijs en
Emmy die Matthijs Schrofer* na afloop van de
show maakte, was van meet af aan succesvol, en
is nog decennia na de gebeurtenis hergebruikt.

Wil Bertheux

Wil Bertheux (1916–2004) was ten tijde van de
show van Gijs en Emmy twee jaar hoofd van de
afdeling toegepaste kunst van het Stedelijk
Museum. Hij was opgeleid als binnenhuisarchitect en heeft uit dien hoofde talloze tentoonstellingen ingericht, ook die van 'Edelsmeden 3'.
Deze groepstentoonstelling paste bij het beleid
dat Bertheux had geïntroduceerd om de verschillende disciplines binnen de toegepaste
kunst grondig te verkennen en er een tentoonstelling over te organiseren.
In 1969 had Bertheux zitting in de jury die de
inzendingen moest beoordelen voor de tentoonstelling 'Draagbare objecten/Objects to Wear',
die onder auspiciën van het ministerie van CRM,
en op instigatie van het Smithsonian Institution,
door de Verenigde Staten zou gaan reizen. In
1971 startte het Stedelijk Museum officieel met
het aanleggen van een sieradenverzameling,
waarbij het werk van Emmy van Leersum en haar
analytische aanpak de leidraad vormden. De
eerste aankopen bestonden uit een reeks stalen
en aluminium armbanden van zowel Emmy als
Gijs. In 1979 organiseerde Bertheux samen met
conservator Liesbeth Crommelin* de eerste
museale overzichtstentoonstelling van het werk
van Emmy van Leersum in het Stedelijk.

Liesbeth Crommelin

Liesbeth Crommelin (1936) was meer dan dertig
jaar, van 1963 tot 1996, conservator toegepaste
kunst van het Stedelijk Museum. Samen met
Wil Bertheux* maakte zij tientallen tentoonstellingen (met catalogi) op het gebied van de
keramiek, textiel- en sieraadkunst. Onder haar
leiding is de collectie toegepaste kunst uitge-

groeid tot een van de beste in haar soort. Met veel kunstenaars van haar generatie (en jonger) onderhield zij een persoonlijke band, zoals met Emmy van Leersum, van wie zij in 1979 een solo-expositie samenstelde. Liesbeth was nauw betrokken bij de organisatie van de tentoonstelling 'Edelsmeden 3' en de show van Gijs en Emmy. Samen met Matthijs Schrofer* ging zij naar Corine Rottschäfer om de modellen te arrangeren: '…een nieuwe wereld voor me', herinnert zij zich. Als eerbetoon aan Emmy van Leersum heeft Liesbeth Crommelin jarenlang dagelijks een streng vormgegeven gouden ring met een snede in het midden gedragen.

Lien Dekkers

Lien Dekkers-van Bruggen (1941–1983), de vrouw van de kunstenaar Ad Dekkers, heeft een belangrijke rol gespeeld in de verspreiding van het vroege werk van Gijs en Emmy. De twee echtparen raakten door hun gezamenlijke galerie en gemeenschappelijke opvattingen over kunst en vormgeving met elkaar bevriend. Ook de zus van Lien met haar man, An en Martien de Voigt*, behoorden tot deze kring. Alle vier waren aanwezig op de show in het Stedelijk. Gijs en Emmy ruilden de gouden Ui-armband tegen een reliëf van Ad Dekkers, en leenden Lien de turquoise mini-jurk met kokerkraag, die zij in 1969 droeg bij de opening van de Biënnale voor constructivistische kunst 'Konstruktive Kunst: Elemente und Prinzipien' in Neurenberg. Lien had een aantal sieraden van Gijs en Emmy. Na haar dood ging de Ui-armband naar haar jongste zuster Ineke Zabel-van Bruggen. Ook Ineke behoorde tot de aanhang van Gijs en Emmy.

Marlies Eyck

Marlies Eyck-Voncken (1938) en haar man Jo Eyck leerden Gijs en Emmy kennen via Ad Dekkers. Jo Eyck, eigenaar van de verffabriek Jac Eyck bv in Heerlen, organiseerde in zijn bedrijf tentoonstellingen van kunstenaars. Via William Graatsma van het Centrum voor Cubische Constructies (ook in Heerlen) kwam het echtpaar in contact met Galerie Swart. Jo en Marlies raakten daar geïnteresseerd in kunstenaars als Ad Dekkers, Peter Struycken en de Zwitser Richard P. Lohse. De eerste tentoonstelling van Ad Dekkers in Heerlen vond plaats in de herfst van 1967. Bij die gelegenheid viel Lien Dekkers* op met grote gouden oorbellen van Gijs en Emmy. Marlies kocht eerst een armband maar besloot al snel een jurk met halskraag te kopen. Dat werd de korte versie van het model dat op de modeshow in het Stedelijk was getoond. Ze droeg de outfit onder meer bij de opening van de Documenta in 1968. Marlies Eyck was niet de enige in Limburg die zich in een creatie van Gijs en Emmy liet zien. Peggy Zeekaf (geboren Pennings), de vrouw van hun binnenhuisarchitect Herman Zeekaf, bezat de combinatie met het Kachelpijpcollier. In Hermans' zaak in Heerlen werden de sieraden van Gijs en Emmy verkocht.

Hedwig Fortuin

Hedwig Fortuin (1940–2002) was een typische haute couture mannequin en liep in de jaren zestig shows voor Max Heijmans, Dick Holthaus, Ernst Jan Beeuwkes en Frans Molenaar. Ze werkte met alle grote (mode)fotografen van die jaren, vooral voor reportages voor de geïllustreerde bladen waaronder Margriet en Avenue. Hedwig kende Sonja Bakker* van

Who is who

Sonja Bakker
Wil Bertheux
Liesbeth Crommelin
Lien Dekkers
Marlies Eyck
Hedwig Fortuin
Wies van Moorsel
Benno Premsela
Sjaak Ramakers
Matthijs Schrofer
Ralph Turner
An de Voigt
Louwrien Wijers
Renie van Wijk

Sonja Bakker

Sonja Bakker (b. 1942) – blonde, blue-eyed and
180 centimetres tall (five feet, eleven inches) –
began her career as a model for fashion designer Dick Holthaus. By 1967, she had been modelling for two years. She was one of the two models who posed for photographer Paul Huf in Red
Square and the Moscow metro, for the legend-
ary Moscow issue of *Avenue* (March 1966).
Thanks to Erna van den Berg's article describing
the run-trough of the fashion show, we know
what sizes Sonja wore in 1967: chest 90 cm,
waist 60 cm, hips 85 cm, shoe size 39, off-the-
rack size 38. The size of her gloves is also mentioned; apparently, this was standard practice
for professional models in 1967. By 2013 stand-
ards for models, her chest is at the upper limit
and her hips are a bit too narrow. The other sizes
fall within present-day parameters. The photo
series of Sonja wearing the Gijs and Emmy
outfits, which Matthijs Schrofer* took after the
show, was a success right from the start and was
still being reused decades later.

Wil Bertheux

At the time of Gijs and Emmy's fashion show,
Wil Bertheux (1916-2004) had been the head
of the Stedelijk Museum's applied arts department for two years. He had a degree in interior
design and organized countless exhibitions in
his professional capacity, including
'Edelsmeden 3'. This group exhibition fit into
an approach Bertheux had developed of thor-
oughly exploring the different disciplines
within applied arts and organizing exhibitions
about each one.
In 1969, Bertheux was on the panel of judges
that reviewed entries for the exhibition
'Objects to Wear', which would tour the USA
under the auspices of the Dutch Ministry of
Culture and at the initiative of the Smithsonian
Institution. In 1971, the Stedelijk Museum of-
ficially began building a jewellery collection, in
which the work of Emmy van Leersum and her
analytic approach formed the guiding principle. Its earliest acquisitions were a series of
steel and aluminium bracelets by both Emmy
and Gijs. In 1979 Bertheux and curator
Liesbeth Crommelin* co-organized the first
museum exhibition surveying the work of
Emmy van Leersum, in the Stedelijk.

Liesbeth Crommelin

Liesbeth Crommelin (b. 1936) held the posi-
tion of applied arts curator at the Stedelijk
Museum for more than 30 years, from 1963 to
1996. She and Wil Bertheux* made dozens
of exhibitions together (with catalogues) in
the fields of ceramics, textiles and jewellery.
Under her leadership, the applied arts
collection became one of the best of its kind.

She had personal ties to many artists her age or younger, such as Emmy van Leersum, whose solo exhibition she curated in 1979. Liesbeth was closely involved in organizing the exhibition 'Edelsmeden 3' and Gijs and Emmy's accompanying fashion show. She and Matthijs Schrofer* went to Corine Rottschäfer to find suitable models: 'A new world for me,' she recalls. As a tribute to Emmy van Leersum, Liesbeth Crommelin wore an austerely designed gold ring with an indentation in the middle for many years.

Lien Dekkers

Lien Dekkers-van Bruggen (1941-1983), wife of the artist Ad Dekkers, played a major role in the dissemination of Gijs and Emmy's early work. The two couples became friends because they were affiliated with the same gallery and had similar views on art and design. Lien's sister and her husband, An and Martien de Voigt,* also belonged to this circle. All four of them attended the fashion show in the Stedelijk. Gijs and Emmy traded the gold *Onion Bracelet* for a relief by Ad Dekkers and lent Lien the turquoise mini-dress with the cylindrical collar, which she wore to the opening of the biennale for constructivist art, 'Konstruktive Kunst: Elemente und Prinzipien', in Nuremberg in 1969. Lien owned several pieces of jewellery designed by Gijs and Emmy. After her death, the *Onion Bracelet* went to her youngest sister, Ineke Zabel-van Bruggen. Ineke was also one of Gijs and Emmy's faithful supporters.

Marlies Eyck

Marlies Eyck-Voncken (b. 1938) and her husband Jo Eyck became acquainted with Gijs and Emmy through Ad Dekkers. Jo Eyck, the owner of the Jac Eyck BV paint factory in Heerlen, organized art exhibitions on his company premises. Through William Graatsma of the Centre for Cubist Constructions (also in Heerlen), Jo and Marlies came into contact with Galerie Swart. There they became interested in artists such as Ad Dekkers, Peter Struycken and Swiss painter and graphic designer Richard P. Lohse. Ad Dekkers's first exhibition in Heerlen took place in the autumn of 1967. Lien Dekkers* wore large gold earrings designed by Gijs and Emmy for the occasion. Marlies's first purchase was a bracelet, and she soon decided to also buy a dress with a collar. This was the short version of the model included in the Stedelijk fashion show. She wore this outfit on various occasions, including the opening of Documenta in 1968 . Marlies Eyck was not the only person in Heerlen who occasionally wore a Gijs and Emmy creation. Peggy Zeekaf (*née* Pennings), wife of interior designer Herman Zeekaf, owned the ensemble with the *Stovepipe Collar*. Gijs and Emmy's jewellery was sold in Herman's shop in Heerlen.

Hedwig Fortuin

Hedwig Fortuin (1940-2002) was a characteristic *haute couture* model who walked in shows for Max Heijmans, Dick Holthaus, Ernst Jan Beeuwkes and Frans Molenaar in the 1960s. She worked with all the major Dutch fashion photographers of the time, mainly on fashion shoots for illustrated magazines such as

hun modellenwerk. Ze stonden allebei inge-
schreven bij het modellenbureau Model planning. Met Matthijs Schrofer* heeft ze twee keer
voor het Stedelijk Museum gewerkt: in 1967 en
begin 1968, toen zij kleding van Alice Edeling
showde ter gelegenheid van de opening van de
tentoonstelling 'Modebeeld'. Zij had een koele,
aristocratische uitstraling.

Wies van Moorsel

Wies Leering-van Moorsel (1935) was niet
aanwezig bij de modeshow van 1967, maar wel
van de partij toen de 'Kledingsuggesties' bij
galerie Art & Project werden geshowd. Zij en
haar man, Jean Leering, directeur van het Van
Abbemuseum, hadden Bakker en Van Leersum
via Ad en Lien Dekkers* leren kennen. Leering
trok veel op met Ad Dekkers en organiseerde
tentoonstellingen van zijn werk. In de werfkelder
kochten Jean en Wies eerst enkele losse sieraden. Al snel volgde de bestelling van een jurk
met halskraag: het model met de geanodiseerde
halsband van Emmy uit 1968. Wies had de set
in het zwart en heeft het veel bij openingen
gedragen. Er is later een bolero bij gemaakt,
zodat ze het ensemble ook in de winter aan kon.
Wies kreeg van Emmy een totale make-over.
Ze werd naar de kapper gestuurd om zich kort
te laten knippen en een coupe soleil te nemen:
'een beetje als Emmy zelf…', aldus Van Moorsel.
Wies was als directeursvrouw uiteraard aanwezig bij de opening van de tentoonstelling 'Draagbare objecten/Objects to Wear'. Haar man
had in de jury gezeten, samen met Ad Dekkers,
Wil Bertheux* en Benno Premsela*.

Benno Premsela

De betekenis van Benno Premsela (1920–1997)
voor de verspreiding van het werk van Gijs en
Emmy kan moeilijk overschat worden. Premsela
had ten tijde van de modeshow al een grote
naam opgebouwd als inrichter van de Bijenkorf-
etalages, binnenhuisarchitect, industrieel vormgever en invloedrijk adviseur in de wereld van de
kunst en vormgeving. De kunstenaars leerden
hem kennen in 1966 bij een opening in de galerie
van Riekje Swart en nodigden hem uit om de
officiële opening van de werfkelder te verrich-
ten. Renie van Wijk* herinnert zich dat de aanwezigheid van Premsela tijdens de show in het
Stedelijk haar zenuwachtig maakte. Premsela
was als jurylid betrokken bij de organisatie
van de tentoonstelling 'Draagbare objecten/
Objects to Wear', en bij de grote overzichtstentoonstelling van het Nederlandse sieraad in
De Zonnehof, 'Sieraad 1900–1972'. Zijn eerste
eigen armband was *Gevouwen cirkel* van Emmy
van Leersum. Premsela was een belangrijk
voorvechter van de homobeweging. Hij droeg
zijn armbanden demonstratief, daarmee het
taboe op het mannensieraad doorbrekend. In
totaal had Benno Premsela zo'n dertig werken
van Gijs en Emmy in bezit.

Sjaak Ramakers

Sjaak Ramakers (1947) leerde Bakker en Van
Leersum kennen als persfotograaf. Hij was
autodidact en op jonge leeftijd begonnen bij het
Utrechts Dagblad. Rond 1966 portretteerde hij
het koppel voor een rubriek over de werfkelders.
Dit contact leidde tot de uitnodiging om foto-
sessies met Renie van Wijk* te maken. Deze
vonden plaats op de zandduinen bij Soestdijk,

niet ver van het huis van Bakker en Van Leersum. De opnamen zijn kort voor de opening in het Stedelijk, in het voorjaar van 1967, gemaakt. Aangezien toen nog niet alle kleding voor de show klaar was, droeg Renie ter vervanging jurken van Emmy van Leersum. Ramakers maakte opnieuw foto's voor Bakker en Van Leersum toen zij hun 'Kledingsuggesties' in de ruimte van galerie Art & Project in Amsterdam lieten showen.

Matthijs Schrofer

Matthijs Schrofer (1942) vestigde zich in 1961 als freelance vakfotograaf in Amsterdam. Hij maakte deel uit van het groepje creatieve jonge mensen in Amsterdam dat zich onder leiding van Louwrien Wijers* (midden jaren zestig korte tijd zijn partner) inzette voor de nieuwe Neder- landse jongerenmode. De kennismaking met Bakker en Van Leersum vond eind 1966 plaats, toen Schrofer bij toeval de werfkelder in Utrecht binnenstapte. Bij die gelegenheid leerde hij ook Renie van Wijk* kennen. Hij was geïnteresseerd in mode(fotografie) en maakte begin 1967 een serie foto's met kleding van Paco Rabanne. Zijn foto's werden indertijd afgenomen door familie- en vrouwenbladen als *Panorama* en *Margriet*. De foto's die hij in de zomer van 1967 maakte hebben de show en de naam van Gijs en Emmy een grote bekendheid gegeven.

Ralph Turner

Ralph Turner (1936) werd na de kennismaking met Bakker en Van Leersum bij de tentoonstel- ling in Ewan Phillips Gallery in Londen een goede vriend van het stel. Hij heeft hun werk meermalen naar Londen gehaald en is altijd een warm pleitbezorger van de twee gebleven. Als gezaghebbend tentoonstellingsmaker en auteur op het gebied van de sieraadkunst heeft hij bijgedragen tot de canonisering van Gijs en Emmy.

An de Voigt

An de Voigt-van Bruggen (1940) behoorde met haar zus Lien Dekkers-van Bruggen* tot de eerste fans van het werk van Gijs en Emmy. Door tijdgenoten is zij beschreven als een van hun meest enthousiaste aanhangers. Op een foto van een opening in het Stedelijk Museum is zij te zien als een sprankelende verschijning die met zwier de ongewone stukken van Gijs en Emmy droeg. An en haar man Martien steunden van meet af aan het werk van hun zwager Ad Dekkers en kochten al vroeg werk van Gijs en Emmy. Met Ad, Lien, Jo en Marlies Eyck* en Peter Struycken vormden zij een hechte groep, waartoe ook Riekje Swart en Herman en Peggy Zeekaf uit Heerlen behoorden. Voordat het succes van Gijs en Emmy zich ging uitbetalen, hielp An het duo met de verkoop van hun zijlijn, de plastic sieraden. Ze was daar goed in. Vanaf februari 1969 was zij verantwoordelijk voor de organisatie van de tentoonstellingen van de 'Galerie voor multipliceerbare objecten', zoals de werfkelder in Utrecht vanaf toen heette. De eerste tentoonstelling was aan de multipels van Ad Dekkers gewijd. An had twee jurken met halskragen van Gijs en Emmy en een flink aantal sieraden. Ook Martien droeg hun werk, net als zijn zwager Ad (o.a. de *Möbiusarmband* van Gijs Bakker).

Margriet and *Avenue*. Hedwig knew Sonja Bakker* from their modelling work. They were both registered with the agency 'Model planning'. She did two shows with Matthijs Schrofer* in the Stedelijk Museum, in 1967 (Gijs and Emmy) and early 1968. In the second show, which took place at the opening of the exhibition 'Modebeeld' (Image of fashion), she wore clothing by Alice Edeling. She had a reserved, aristocratic air.

Wies van Moorsel

Wies Leering-van Moorsel (b. 1935) did not attend the fashion show in 1967, but was present at the 'Kledingsuggesties' event in the Art & Project gallery. She and her husband Jean Leering, the director of the Van Abbemuseum, had met Bakker and Van Leersum through Ad and Lien Dekkers*. Leering spent a lot of time with Ad Dekkers and organized exhibitions of his work. In the wharf cellar, Jean and Wies first bought a few individual pieces of jewellery and soon went on to order a dress with a collar: the model with the anodized collar designed by Emmy in 1968. Wies had the black ensemble and wore it to many openings. A bolero was later added to the outfit, so that she could wear it in winter as well. Emmy gave Wies a total makeover. She was sent to the hairdresser to have her hair cut short, with blonde highlights, a little like Emmy herself', as Van Moorsel commented. As the museum director's wife, Wies naturally came to the opening of the exhibition 'Objects to Wear'. Her husband had been on the panel of judges with Ad Dekkers, Wil Bertheux* and Benno Premsela*.

Benno Premsela

The significance of Benno Premsela (1920-1997) in promoting Gijs and Emmy's work can hardly be overestimated. At the time of the fashion show, Premsela already had a formidable reputation as a designer of display windows for the Bijenkorf department store, an industrial designer and an influential consultant in the world of art and design. Gijs and Emmy first met him in 1966, at an opening in Riekje Swart's gallery, and invited him to the official opening of their wharf cellar. Renie van Wijk* recalls that she felt nervous when she saw Premsela in the audience at the Stedelijk show. Premsela was on the panel of judges for the exhibition 'Objects to Wear' and a major survey exhibition of Dutch jewellery in De Zonnehof, 'Sieraad 1900-1972' (Jewellery 1900-1972). The first bracelet he owned was Emmy van Leersum's *Folded Circle*. Premsela was a leading voice in the Dutch gay rights movement. He wore his bracelets as a public statement, to break the taboo against jewellery for men. Benno Premsela ultimately owned about 30 objects designed by Gijs and Emmy.

Sjaak Ramakers

Sjaak Ramakers (b. 1947) met Bakker and Van Leersum through his work as a press photographer. He was self-taught and had started his career at the *Utrechts Dagblad* newspaper at a young age. Around 1966 he made a portrait of the couple for a feature on the wharf cellars. Gijs and Emmy then decided to invite Ramakers to do photo shoots with Renie van Wijk.* The shoots took place on the sand dunes near Soestdijk, not far from Bakker and Van Leersum's home. This was in the spring of 1967, shortly before the opening in the Stedelijk. Since not all the clothing for the show had yet been completed, Renie wore dresses belonging to Emmy van Leersum instead. Ramakers also took photographs at Bakker and Van Leersum's 'Clothing Suggestions' opening in the Art & Project gallery in Amsterdam.

Matthijs Schrofer

Matthijs Schrofer (b. 1942) came to Amsterdam to work as a professional freelance photographer in 1961. He was part of a small group of young creatives in Amsterdam who championed the new Dutch style in young fashion, under the leadership of Louwrien Wijers (with whom he was romantically involved for a short time in the mid-1960s). He first met Bakker and Van Leersum in late 1966, when he happened to walk into the wharf cellar in Utrecht. This was also when he met Renie van Wijk*. He was interested in fashion and fashion photography, and in early 1967 he took a series of photos with clothing by Paco Rabanne. Around this time he contributed photographs to family and women's magazines such as *Panorama* and *Margriet.* The photographs he made in the summer of 1967 of Gijs and Emmy's outfits greatly enhanced their reputation and that of the show.

Ralph Turner

Ralph Turner (b. 1936) became a good friend of Gijs and Emmy's after meeting them at the exhibition in the Ewan Phillips Gallery in London. He brought their work to London many times and always energetically supported them. As a leading exhibition curator and author in the field of jewellery design, he helped Gijs and Emmy to achieve their canonical status.

An de Voigt

An de Voigt-van Bruggen (b. 1940) and her sister Lien Dekkers-van Bruggen* were among the earliest fans of Gijs and Emmy's work. Contemporaries have described An as one of their most enthusiastic supporters. She cuts a glamorous figure in a photograph of an opening in the Stedelijk Museum, stylishly modelling Gijs and Emmy's unconventional objects. An and her husband Martien supported the work of their brother-in-law Ad Dekkers and bought pieces by Gijs and Emmy from a very early stage. Together with Ad, Lien, Jo and Marlies Eyck* and Peter Struycken, they formed a tight-knit group, which also included Riekje Swart and Peggy Zeekaf from Heerlen. Before Gijs and Emmy became financially successful, An helped the two of them with sales of plastic jewellery, their sideline. She proved to be good at this job, and starting in February 1969 she was responsible for organizing the exhibitions at the 'Gallery for Multipliable Objects', as the wharf cellar in Utrecht was known from that point on. The first exhibition was devoted to Ad Dekkers's multiples. An owned two dresses with collars designed by Gijs and Emmy, as well a large assortment of their jewellery. Martien also wore their work, as did his brother-in-law Ad (for instance, they both wore Gijs Bakker's *Möbius Bracelet*).

Louwrien Wijers

Louwrien Wijers (1941) werkte als journalist voor ze bekendheid verwierf als schrijver en kunstenaar die grootheden als Josef Beuys, Andy Warhol en de Dalai Lama bij elkaar bracht. Van een vorige werkkring kende zij Erna van den Berg en haar man Jurriaan Schrofer, en zij was kort de partner van Matthijs Schrofer*, de broer van Jurriaan. In Amsterdam raakte ze bevriend met Liesbeth Crommelin* en haar vriend Wim Beeren. Met een aantal gelijkgestemden als Alice Edeling, Jan Jansen, Gijs en Emmy zette ze zich in om iets nieuws in gang te zetten op het gebied van mode, kleding en schoenen: '(…) om er een geheel van te maken'. In 1968 verbleef ze een tijd in New York om onderzoek te doen naar de avant-garde in de beeldende kunst. Op openingen bij Leo Castelli en andere belangrijke galeries droeg ze creaties en sieraden van Gijs en Emmy, maar scoorde weinig effect met haar outfit.
Louwrien Wijers was aanwezig bij de show in het Stedelijk en heeft haar indrukken beschreven in de krant waarvoor ze werkte. Zij heeft het duo daarna intensief gevolgd. Dankzij haar reportages zijn we goed geïnformeerd over de beginjaren van Gijs en Emmy.

Renie van Wijk

Renie van Wijk (1942) was een van de drie modellen die de collectie van Gijs en Emmy in het Stedelijk bij de opening van de tentoonstelling 'Edelsmeden 3' showden. Zij kwam niet uit het vak. In 1967 woonde ze in Utrecht, waar haar ouders een winkel hadden in een van de werfkelders. Zij schreef voor het weekblad *Prinses* en verzorgde daarin een rubriek op het gebied van mode en accessoires. Tijdens een van haar speurtochten stuitte ze op de werfkelder van Gijs en Emmy en viel voor hun plastic sieraden (de hausse in plastic sieraden e.d. vond plaats in de jaren zestig). 'Het was een van de hipste winkeltjes van Utrecht' in de herinnering van Van Wijk. Zij raakte nauw betrokken bij de plannen voor de tentoonstelling en de opening in het Stedelijk Museum.

Louwrien Wijers

Louwrien Wijers (b. 1941) worked as a journalist before becoming a well-known writer and artist who brought together great names such as Josef Beuys, Andy Warhol and the Dalai Lama. She knew Erna van den Berg and her husband Jurriaan Schrofer from a previous job and was briefly romantically involved with Matthijs Schrofer,* Jurriaan's brother. In Amsterdam she became friends with Liesbeth Crommelin* and her friend Wim Beeren. With a number of like-minded creatives, such as Alice Edeling, Jan Jansen, Gijs and Emmy, she endeavoured to start something new in the field of fashion, clothes and shoes: 'To turn it into a whole.' In 1968 she spent some time in New York City, investigating the city's avant-garde visual art scene. At openings in prominent galleries such as Leo Castelli's, she wore clothing and jewellery by Gijs and Emmy, but her outfits had little impact.
Louwrien Wijers attended the Stedelijk show and described her impressions in the newspaper for which she worked. From that point on, she kept close track of Gijs and Emmy's work. Thanks to her articles, we are well informed about Gijs and Emmy's early years.

Renie van Wijk

Renie van Wijk (b. 1942) was one of the three models who showed the Gijs and Emmy collection at the opening in the Stedelijk. She was not a professional model. In 1967 she lived in Utrecht, where her parents had a shop in one of the wharf cellars. She wrote for the weekly magazine *Prinses*, in which she had a fashion and accessories column. During one of her shopping expeditions, she stumbled on Gijs and Emmy's wharf cellar and fell for their plastic jewellery (the 1960s saw a boom in plastic jewellery and the like). 'It was one of the hippest shops in Utrecht,' Van Wijk reminisces. She became closely involved in the plans for the exhibition and opening in the Stedelijk Museum.

Als golfslag op het strand... Ad Dekkers in zijn tijd/Waves Breaking on the Shore... Ad Dekkers in his Time, tent.cat./exh. cat. Amsterdam (Stedelijk Museum) 1998

Berg, Erna van den, 'Dag uit het leven van een fotomodel', *Cri* nr./no. 29, 22 juli/July 1967, pp. 26-30

Berg, Nanda van den, 'Hoe het vrouwenlichaam langzaam verdwijnt', in: Jan Brand et al. (red./eds.), *De Nieuwe Man*, Zwolle/Arnhem 2010, pp. 28-57

Besten, Liesbeth den, 'Edelsmeedkunst'/'Art in Precious Metals', in: G. Staal & H. Wolters (red./eds.), *Holland in vorm. Vormgeving in Nederland 1945–1987/Holland in vorm. Dutch design 1945–1987*, Den Haag 1987, pp. 203-212

'Bijous van de toekomst', *Margriet* nr./no. 34, 26 augustus/August 1967, pp. 46-49

Blotkamp, Carel, et al., *Kunst van nu. Encyclopedisch overzicht van 1960. Projectgroep moderne kunst van het kunsthistorisch Instituut van de Rijksuniversiteit te Utrecht*, Amsterdam/Brussel 1971

Body Covering, tent.cat./exh. cat. New York (Museum of Contemporary Crafts of the American Craftsmen's Council) 1968

Brand, Jan, et al. (red./eds.), *Mode en verbeelding. Over kleding en kunst*, Zwolle/Arnhem 2007

Crommelin, Liesbeth & Paul Derrez, 'Rek in het sieraad', *Kunstschrift. Uitgave van Openbaar Kunstbezit* 26, november-december/November/December 1982, themanummer 'Sieraden'/Special edition 'Jewellery', pp. 202-213

'Draagbare objecten in het museum tot 26 mei', *Uit de Kunst* 5 (1969) 9

'Emmy van Leersum and Gijs Bakker', *Art & Project Bulletin* 25 [1970]

Emmy van Leersum en Gijs Bakker. Sieraden en kleding v.a. 1967, tent.cat./exh. cat. Groningen (Expokelder Instituut voor kunstgeschiedenis) 1974

'Emmy van Leersum en Gijs Bakker: "Byjou [sic] moet meer zijn dan knoop aan je kleding". Doorbraak in de wereld van het sieraad', *Twents Volksblad*, 5 juni/June 1968

'Emmy en Gijs Bakker, sieraden. Van werfkelder tot "stedelijk"', *Dagblad Tubantia*, 1 mei/May 1967

'Enthousiasme en woede: richelhansoppen', *Het Vrije Volk*, 10 februari/February 1970

Francis, Mark & Margeny King (red./eds.), *The Warhol Look. Glamour, Style and Fashion*, Boston/Pittsburgh 1997

Gijs Bakker en Emmy van Leersum, tent.cat./exh. cat. Amersfoort (D.H.V. Ingenieursbureau Dwars, Heederik en Verhey NV) 1972

Huf, Emmy, 'Kleding', *Het Parool*, 4 februari 1970

Joris, Yvònne G.J.M. (red./ed.), Antje von Graevenitz & Gert Staal, *Gebroken lijnen. Emmy van Leersum 1930 –1984/Broken Lines. Emmy van Leersum 1930–1984*, tent.cat./exh. cat. Den Bosch (Museum Het Kruithuis); Oostende (Provinciaal Museum voor Moderne Kunst); Montreal (Musée des Arts Décoratifs de Montréal), Den Bosch/Gent/Ghent 1993

Joris, Yvònne G.J.M. (red./ed.), Antje von Graevenitz & Jaap Huisman, *Jewels of Mind and Mentality. Dutch Jewelry Design 1950–2000*, Rotterdam 2000

'Juwelen van aluminium. Modeshow in Stedelijk', *Het Vrije Volk*, 13 mei/May 1967

Kamitsis, Lydia, 'Een impressionistische geschiedenis van de modeshow sinds de jaren
zestig', in: Jan Brand et al. (red./ed.),
Mode en verbeelding. Over kleding en kunst,
Zwolle/Arnhem 2007, pp. 93-95

Koch, André et al., *Ludiek, sensueel en dynamisch. Nederlandse jeugdcultuur en vormgeving in de jaren zestig*, Schiedam 2002

Martin, Richard, 'Voorbij schijn en gewoonte.
De fijne neus van de avant-garde in mode
en kunst sinds de jaren zestig', in: Jan Brand
et al. (red./ed.), *Mode en verbeelding. Over
kleding en kunst*, Zwolle/Arnhem 2007,
pp. 26-43

Mulders, Tony, 'Dingen om vrouwen te tooien',
Scheppend Ambacht 20 (1969) 3, pp. 48-49

'Nieuwe materialen vormen nieuwe sieraden,
Tiq nr./no. 9, augustus/August 1967

'Nieuwe Nederlandse mode', *Algemeen
Handelsblad*, 17 september/September
1968

*Objects to Wear by Five Dutch Jewelry
Designers. Emmy van Leersum, Gijs Bakker,
Nicolaas van Beek, Françoise van den
Bosch, Bernard Laméris*, tent.cat./exh. cat.
Eindhoven (Van Abbemuseum) 1969

Os, Henk W. van, *Omgaan met kunst en natuur.
Jo en Marlies Eyck in Wijlre*, Nuth 2005
(3e druk/3rd edition)

Pavitt, Jane, *Fear and Fashion in the Cold War*,
London 2008

Pavitt, Jane 'Objecten om mee te denken:
Gijs Bakker en Emmy van Leersum en de
lichaamsversiering in de jaren zestig'/
'Objects to think with. Gijs Bakker and
Emmy van Leersum and Body Adornment in
the 1960s', in: Jan van Adrichem & Adi Martis
(red./eds.), *Stedelijk collectie reflecties.
Reflecties op de collectie van het Stedelijk
Museum Amsterdam/Stedelijk Collection
Reflections. Reflections on the Collection of
the Stedelijk Museum Amsterdam*, Amsterdam/
Rotterdam 2012, pp. 393-408/pp. 389-404

Rijsingen, Miriam van, 'Hoe gelijk kan de som der
verschillen zijn? Een inleiding', in:
Martine Brinkhuis (red./ed.), *Koppeltekens.
Vier kunstenaarsparen – vier dialogen*,
Amsterdam 1993, pp. 9-17

Rooy, Max van, *Leve het been (snijtijd 90 minuten)*,
Amsterdam 2012

[Schreuder,] Marike, 'Een juweel van een idee',
Het Vrije Volk, 17 juni/June 1967

Schroeder, Jonathan E., 'The Artist and the
Brand', *European Journal of Marketing* 39
(2005) 11/12, pp. 1291-1305

*Sieraad 1900–1972. Eerste triënnale onder
auspiciën van de Amersfoortse Culturele
Raad*, tent.cat./exh. cat. Amersfoort
(Zonnehof) 1972

'Sieraad nooit voor de vrouw gemaakt', *Bij.
Het Centrum*, 11 november/November 1967

Spinhoven, Marian, 'Emmy en Gijs Bakker.
Exposeren in 't Stedelijk', *Nieuw Utrechts
Dagblad*, 14 april/April 1967

Staal, Gert, *Gijs Bakker, vormgever. Solo voor
een solist*, Den Haag/The Hague 1989

Teunissen, José (red./ed.), *Mode in Nederland*,
Arnhem 2006

Turner, Ralph, in: *Emmy van Leersum*, tent.cat./
exh. cat. Amsterdam (Stedelijk Museum)
1979–1980; Graz (Galerie Albertstrasse);
Den Haag (Galerie Nouvelles Images) 1980,
[pp. 4-6]

Unger, Marjan, *Het Nederlandse sieraad in de
20ste eeuw*, Bussum 2004

Wijers, Louwrien, 'Experimentele show van
edel- smeden', *Algemeen Handelsblad*, 16 mei/
May 1967

Wijers, Louwrien, 'Vormen voor de vrouw van morgen', *Algemeen Handelsblad*, 20 oktober/ October 1967

Wijers, Louwrien, 'De mode schrééuwt om nieuwe materialen', *Algemeen Handelsblad*, 10 mei/May 1968

Wijers, Louwrien, 'Mode is een universeel gebeuren', *De Europese Gemeente. Uitgave van de Raad der Europese gemeenten* (1969) 3, p. 28

Wijers, Louwrien, 'Nederlandse sieraden op weg naar de U.S.A.', *Algemeen Handelsblad*, 17 mei/May 1969

Zijl, Ida van, *Gijs Bakker. Objects to Use*, Rotterdam 2000

Zijl, Ida van, *Gijs Bakker and Jewelry*, Stuttgart 2005

Archieven / Archives

Stedelijk Museum Amsterdam
Biografieën/Biographies Matthijs Schrofer, map nr./folder no. 5027

Brief van/Letter from J. Rona (ABC Press Service) aan/to Emmy van Leersum, d.d. 9 juni/June 1967

Correspondentie/Correspondence Emmy van Leersum & Gijs Bakker en/and E. de Wilde, directeur/director, d.d. 7 & 14 juni/June 1967

Uitgeschreven tekst van het verslag van Boy Wander voor het VARA-programma *Artistieke staalkaart*, jrg. 21, nr. 20, radio-uitzending woensdag 17 mei 1967 van 19.20 tot 20.00 uur, Hilversum 2/Written report by Boy Wander for VARA radio broad-casting *Artistieke staalkaart*, 21, no. 20, Wednesday 17 May 1967, 7.20 p.m. to 8 p.m., Hilversum 2

Stedelijk Museum 's-Hertogenbosch
[Gijs Bakker & Emmy van Leersum], *Plakboeken 1965, '66, '67, '68; 1966–'67; 1968; 1969, '70, '71; 1970; 1972–1973*

Louwrien Wijers
'Tien modemensen op de barrikade voor betere kleding', bijlage/supplement *International Fashion News*, niet-geïdentificeerd kranten-knipsel/unidentified clipping, 1968, p. 4-5

Overig / Other

Qui êtes-vous, Polly Maggoo?, 1966, regisseur/ directed by William Klein

www.carrieretijger.nl/carriere/zelfmarketing, laatst geraadpleegd op 24 september/ personal-branding, accessed 24 September 2013

www.hoedoe.nl/werk-carriere/freelance/ hoe-creeer-ik-mijn-eigen-personal-brand, laatst geraadpleegd op 24 september/ accessed 24 September 2013

Marjan Boot (Den Haag, 1949) was van 1996-2013 conservator toegepaste kunst en vormgeving van het Stedelijk Museum Amsterdam. Daarvoor werkte zij als conservator moderne kunstnijverheid in het Gemeentemuseum in Den Haag. Zij begon haar loopbaan als wetenschappelijk medewerker twintigste-eeuwse kunst aan het Kunsthistorisch Instituut van de Universiteit van Amsterdam. In haar ruim dertigjarige carrière als conservator organiseerde zij talloze tentoonstellingen en schreef vele artikelen en catalogi. Zo organiseerde Boot voor het Stedelijk 'Het Kunstvol Binnenhuis. Nederlandse interieurkunst van 1895 tot 1930' (1997), 'The Turbulent Vessel. Babs Haenen. Keramiek 1991-1998' (met cat., 1998), '541 vazen, potten, plastieken en serviezen uit de collectie van het Stedelijk' (1999), 'Ernst Ludwig Kirchner. Tahiti in de Alpen (1918-1928)' (met cahier, 2002), 'Grayson Perry. Guerrilla Tactics' (met cat., 2002), 'Revolution in the Air. De Sixties en het Stedelijk' (2003), 'Geel metalliek. Goud voor Robert Smit' (met bulletin, 2004), 'Heringa/Van Kalsbeek. Cruel Bonsai' (met bulletin, 2007-2008). Haar hoofdwerkzaamheid tijdens de sluiting van het museum was de voorbereiding van de vaste opstelling van de collectie toegepaste kunst en vormgeving in het heropende museumgebouw. Met de tentoonstelling en publicatie 'De show van Gijs+Emmy' sluit zij haar loopbaan af.

Marjan Boot (b. 1949, The Hague) was a curator of applied arts and design at the Stedelijk Museum in Amsterdam from 1996 to 2013. Before that, she worked as a curator of applied arts and design at the Gemeentemuseum in The Hague. She began her career as assistant professor at the Institute of Art History at the University of Amsterdam. In a career as a curator that spanned more than 30 years, she organized countless exhibitions and wrote many articles and catalogues. The exhibitions she curated at the Stedelijk included 'Dutch Interior Art 1895-1930' (1997), 'The Turbulent Vessel: Babs Haenen, Ceramics 1991-1998' (with cat., 1998), '541 Vases, Pots, Sculptures and Services from the Collection of the Stedelijk' (1999), 'Ernst Ludwig Kirchner: Tahiti in the Alps (1918-1928)' (with booklet, 2002), 'Grayson Perry: Guerrilla Tactics' (with cat., 2002), 'Revolution in the Air: The Sixties and The Stedelijk' (2003), 'Metallic Yellow: Gold to Robert Smit' (with bulletin, 2004), 'Heringa/Van Kalsbeek: Cruel Bonsai' (with bulletin, 2007-2008). Her main activity while the museum was closed was preparing the permanent galleries of the applied arts and design collection for the reopening of the building. The exhibition and publication 'The Gijs+Emmy Spectacle' mark the end of her career.

Lex Reitsma is grafisch ontwerper en filmmaker. Na zijn studie aan de Gerrit Rietveld Academie vestigde hij zich in 1983 als zelfstandig grafisch ontwerper. Hij werkt merendeels voor opdrachtgevers in het culturele circuit. Zo is hij is al meer dan twintig jaar verantwoordelijk voor de visuele identiteit van De Nederlandse Opera in Amsterdam. Hij ontwierp naast affiches en postzegels ook boeken over fotografie en architectuur. Hij maakte de documentaires *Jan Bons, ontwerpen in vrijheid* (2008), *De stoel van Rietveld* (samen met Marijke Kuper, 2011) en *De stijl van het Stedelijk* (2012). Hij ontving de Theaterafficheprijs, de Frans Duwaeropdracht en de W.H. Werkmanprijs en meer dan twintig door hem ontworpen boeken werden door de CPNB als 'Best Verzorgd Boek' bekroond. Zijn werk bevindt zich in de collecties van het Museum of Modern Art New York en het Stedelijk Museum in Amsterdam.

Lex Reitsma is a graphic designer and filmmaker. In 1983, following his training at the Amsterdam Gerrit Rietveld Academy, he set himself up as an independent graphic designer. He predominantly works for clients in the cultural sphere and has been responsible for the graphic identity of De Nederlandse Opera for over 20 years. In addition to posters and stamps he designed books on photography and architecture and made film documentaries such as *Jan Bons – A Designer's Freedom* (2008), *Rietveld's Chair* (with Marijke Kuper, 2011), and *The Style of the Stedelijk* (2012). Reitsma received the Dutch Theatre Poster Award, the Frans Duwaer Commission and the W.H. Werkman Award, while over 20 books he designed received the 'Best Designed Book' accolade from the Foundation for the Collective Promotion of the Dutch Book. The New York Museum of Modern Art and the Amsterdam Stedelijk Museum have his work in their collections.

In deze serie verscheen eerder/
Previously published in this series

De stoel van Rietveld
Rietveld's Chair
Marijke Kuper, Lex Reitsma

Book + Film

De stijl van het Stedelijk
The Style of the Stedelijk
Frederike Huygen, Lex Reitsma

Book + Film

De Nederlandse fiets
The Dutch Bike
Zahid Sardar

Marijke Kuper, Lex Reitsma
De stoel van Rietveld /
Rietveld's Chair
Book and DVD set

De wereldberoemde rood-blauwe stoel
van Gerrit Rietveld vormt het beeldicoon
van De Stijl in 'De canon van Nederland'.
De publicatie *De stoel van Rietveld* is
het resultaat van een zoektocht naar het
ontstaan, het gebruik en de receptie van
de stoel door kunsthistorica Marijke Kuper
en in beeld gebracht door grafisch ontwerper
en filmmaker Lex Reitsma. /
Gerrit Rietveld's world-famous Red-Blue
Chair is the visual icon for De Stijl on the
Canon of Dutch History website. The publication *Rietveld's Chair* is the result of art
historian Marijke Kuper's investigation into
the genesis and development, use and
reception of the chair, filmed by graphic
designer and filmmaker Lex Reitsma.

Frederike Huygen, Lex Reitsma
De stijl van het Stedelijk /
the Style of the Stedelijk
Book and DVD set

In *De stijl van het Stedelijk* schetsen filmmaker Lex Reitsma en designhistoricus
Frederike Huygen een beeld van de
unieke relatie van het Stedelijk Museum
Amsterdam met grafische vormgeving en
de fascinerende zoektocht naar een nieuwe
visuele identiteit voor de heropening van
het museum in 2012. /
The Style of the Stedelijk is the fascinating
account, by filmmaker Lex Reitsma and
design historian Frederike Huygen, of
the Stedelijk Museum's unique relationship
with graphic design and its search for a
new visual identity before reopening its
doors in 2012.

Zahid Sardar
De Nederlandse fiets /
The Dutch Bike

In *De Nederlandse fiets* beschrijft de
Amerikaanse designcriticus Zahid
Sardar de geschiedenis van de iconische
Nederlandse fiets, van de oer-Hollandse
zwarte stadsfiets tot de nieuwste hippe
designer bikes. /
In *The Dutch Bike* American design critic
Zahid Sardar traces the history of the
iconic Dutch bicycle, from the classic
black workhorse of the early nineteenth
century to the latest hip designer bikes.

De stoel van Friso Kramer
Friso Kramer's Chair

Yvonne Brentjens

De schoen van Jan Jansen
Jan Jansen's Shoe

Lisa Goudsmit

Yvonne Brentjens
De stoel van Friso Kramer /
Friso Kramer's Chair

Kunsthistoricus Yvonne Brentjens vertelt het
succesverhaal van de veelbekroonde *Revolt*-
stoel, de eerste naoorlogse stoel waarin
ondernemerschap, nieuwe technologieën en
moderne marketingstrategieën elkaar
vonden. /
The tale of the award-winning *Revolt* chair
is told by art historian Yvonne Brentjens.
The *Revolt* is the first post-war chair in which
entrepreneurship, new technologies and
modern marketing strategies came together.

Lisa Goudsmit
De schoen van Jan Jansen/
Jan Jansen's Shoe

Ontwerphistoricus Lisa Goudsmit onderzoekt
de Bamboeschoen als mode- en als kunst-
object en beschrijft hoe dit schoenontwerp
uitgroeide tot een icoon van de Nederlandse
modevormgeving. /
Design historian Lisa Goudsmit examines
the Bamboo Shoe as a fashion and art object,
and describes how it evolved into an icon of
Dutch fashion design.

Dank / Acknowledgements

Graag wil ik de volgende personen bedanken voor hun medewerking aan de totstandkoming van deze publicatie: Gijs Bakker; Wil van Gils, informatie- specialist en Fredric Baas, conservator van het Stedelijk Museum 's-Hertogenbosch; Job Meihuizen, programmamanager Erfgoed en geschiedenis bij Het Nieuwe Instituut in Rotterdam (voorheen Premsela); Madelief Hohé, conservator Gemeente- museum, Den Haag; Ninke Bloemberg, conservator Mode en kostuums, Centraal Museum Utrecht; Ann Goldstein, Nicole Delissen en Margriet Schave- maker van het Stedelijk Museum in Amsterdam; Tom Nieuwenhuis; en alle gesprekpartners die mij geholpen hebben met het verstrekken van infor- matie.

I would like to thank the following people for their assistance in the making of this book: Gijs Bakker; Wil van Gils, information specialist, and Fredric Baas, curator at the Stedelijk Museum 's-Hertogenbosch; Job Meihuizen, manager of the Heritage and History programme at Het Nieuwe Instituut in Rotterdam (formerly Premsela); Madelief Hohé, curator at the Gemeentemuseum, The Hague; Ninke Bloemberg, fashion and costume curator at the Centraal Museum Utrecht; Ann Goldstein, Nicole Delissen, and Margriet Schavemaker at the Stedelijk Museum in Amsterdam; Tom Nieuwenhuis; and all the people I spoke to who provided helpful information.

Marjan Boot

Deze publicatie verschijnt ter gelegenheid van de tentoonstelling 'De show van Gijs+Emmy', Stedelijk Museum Amsterdam, 22 februari– 24 augustus 2014. De publicatie werd gerealiseerd in samenwerking met het Stedelijk Museum Amsterdam en met steun van het Prins Bernhard Cultuurfonds.

This book was published in conjunction with the exhibition 'The Gijs+Emmy Spectacle', Stedelijk Museum Amsterdam, 22 February– 24 August 2014. This book was produced in association with the Stedelijk Museum Amsterdam and supported by the Prins Bernhard Cultuurfonds

STEDELIJK MUSEUM AMSTERDAM

Prins Bernhard **Cultuurfonds**

Auteur / Author
Marjan Boot
Onderzoeksassistent / Research assistant
James Tergau
Film
Lex Reitsma
Tekstredactie / Copy editing
Els Brinkman, D'Laine Camp
Beeldredactie / Image editing
Marjan Boot, James Tergau
Vertaling / Dutch-English translation
Open Book Translation, David McKay
Grafisch ontwerp en lithografie / Graphic design and lithography
Lex Reitsma
m.m.v. / assisted by
Tessa van der Eem
Druk / Printing
NPN Drukkers, Breda
Binden / Binding
Boekbinderij Patist, Den Dolder
Papier / Paper
Amber Graphic 120 gr, Satimat 150 gr
Projectcoördinatie / Project coordination
Barbera van Kooij, nai010 uitgevers/ publishers
Uitgever / Publisher
nai010 uitgevers/publishers, Rotterdam in samenwerking met / in collaboration with the Stedelijk Museum Amsterdam

Printed and bound in the Netherlands
ISBN 978-94-6208-123-9

Dutch Design Stories
© Het Nieuwe Instituut / nai010 uitgevers/publishers